事例でわかる
会計事務所M&A
の準備と進め方

はじめに

先日、ある所長先生から「事務所を譲渡したいのだけれど、どう進めていけばいいですか」というM&Aのご相談がありました。

10年以上も前にこんな話をしても、「顧問先を売るなんてとんでもない」「顧問先に対する裏切り行為だ」「そんなものは日本には馴染まない」と、多くの先生方が条件反射のようにおっしゃっていました。

それが、今では当たり前に「事務所を譲渡したい」「よい買い手を探してほしい」といったご相談を受けるようになりました。

おそらく当時、言下に拒否していた先生方に同じ話をしても、今は否定しないと思います。

会計事務所においても、M&Aは一般的な経営戦略として考えられるようになりました。

それこそ、ほとんど毎日のように全国各地の事務所から、「事務所を買いたい」といったご相談があります。

ただ、実際にどのような進め方でM&Aを行なっているか、リスクはないのか、どこに気を付ければいいのか、何から始めていけばよいのか、詳しい内容を知りたくても、どこにも詳しい情報はありません。

もちろん、秘密保持契約を取り交わしていることもありますし、自分が事務所を譲渡した話を他人にするなんて気が引けてしまうという先生も多いので、余計に会計事務所M&Aのことを知りたくても、十分な情報や知識が得られないのが実体かと思います。

なかには、どこに相談すればよいか、どう進めてよいか分からないまま、やむなく廃業の道を選ばれている事務所が、一部であることも耳にします。

たとえば、コンビニエンスストアのような小売店がつぶれたら、お客様は別の店に行けば済みますが、会計事務所の場合はそうはいきません。顧問先との長年のお付き合いの中で、誰よりも詳しい情報を把握していますし、それこそ会社に限らずプライベートにおいても親しい間柄であることも珍しくありません。

確定申告や決算、また税法などの手段や業務は、他の事務所でもある程度、対応は可能ですが、顧問先と所長先生との長年の付き合いからなる情報は簡単に引き継げるものではありません。


結局、会計事務所が廃業してしまうと、顧問先としては、また自分で別の税理士を見つけ、ゼロから人間関係を作っていかないとならなくなります。

所長先生と同じ時間を共有し、長年にわたって付いてきてくれた職員も、廃業によって収入がなくなってしまいますし、次の職場がすぐに見つかればまだいいですが、昔から勤務してくれていたベテラン職員は、再就職するには難しい年齢になってしまっていることもあります。

これでは顧問先や職員も不安を感じずにはいられないので、本意ではなくても顧問先や職員を裏切ったも同然です。

顧問先のサポートや職員の雇用を継続し、所長先生が安心して引退できる。それが一番望ましいはずです。

それを可能にするのが、M&Aという方法です。


当社では10年以上にわたり、会計事務所M&Aの専門コンサルタントとして、多くの所長先生の事業承継をお手伝いさせていただきました。

会計事務所の場合、所長先生によって、事務所の方針や職員の働き方、顧問先との付き合い方などすべてが違います。所長先生、職員、顧問先、いろんな目線から、その事務所にあった相手を探し、進めなければいけません。


では、実際に会計事務所M&Aには、どういうやり方があるのか。またどう進めていくべきなのか。

本書では、当社で携わった数多くの事例の一部をご紹介しながら、M&Aを成功させるための秘訣をまとめています。

売上が落ち込んできているから難しい、地方都市だから譲受先がない、事務所の規模が小さいからメリットがない――そんなことは気にしないでください。

どんな地域であれ、経営状況であれ、そこを拠点として成長している事務所はありますし、顧問先もいるはずです。必ず方法はあります。

もちろん、すべての所長先生がハッピーエンドを迎えられたわけではなく、中には「もう少し早く進めておけば」「不運によってM&Aを余儀なくされた」ケースもあります。会計事務所の事業承継、M&Aについて、ぜひ本書を読んでお役立てください。

本書が、少しでも多くの所長先生の道しるべになれば幸いです。

広瀬元義

もくじ◎事例でわかる 会計事務所M&Aの準備と進め方

第2章 会計事務所のM&A

M&Aのベストタイミング

経営の充実期にこそ検討する

第3章 M&Aの具体的な進め方

M&Aはこうして行われる

個別相談から引継完了後まで

第4章 事例から読み解く成功と失敗のポイント

事例9

職員が顧問先を引き抜いて辞めるのを防ぐには

第5章 会計事務所M&A支援協会の役割

第6章 知っておきたい会計事務所M&Aのツボ

第1章

会計事務所に訪れる高齢化時代に向かって

M&Aを考える前に

会計事務所が抱える高齢化と後継者問題

◎税理士業界に訪れる後継者問題

近年、日本を取り巻く問題の一つとして後継者問題が挙げられます。

２０１１年12月に実施された帝国データバンクの実態調査によると、約40万社の中小企業を対象とした後継者不在企業の割合は65・９％に及びました。まさに３分の２が後継者問題を抱えているという状況です。

さらに、年商規模が１億円未満の零細企業は76・３％に及びます。団塊の世代が定年を過ぎ、少子高齢化が加速するなかで、データが示す通り、多くの企業が後継者問題に悩まされています。

また、税理士の年齢層を見てみると、60歳以上が52・9％（60歳代18・4％、70歳代29・1％、80歳以上5・4％）と過半数を占めています（２００６年４月・日本税理士会連合会の第５回税理士実態調査より）。この時の50歳代は19・３％と、当時の60歳代を上回る２番目に高い割合でした。10年近く経った今は、まさにこの世代が60歳代に突入していて、承継時期を迎えています。税理士業界においても、正に後継者問題を迎えているのです。

２００２年の税理士法改正によって会計事務所の法人化が可能になり、インターネットによる広告が解禁されました。それ以前は営業とかマーケティングといった経営戦略を持たなくても十分にやっていける時代でした。

しかし、税理士法改正から約10年が過ぎ、税理士業界は大きな変化を遂げています。規模の大小を問わず、どこの会計事務所も熾烈な競争にさらされています。

昨今は**会計ソフトのクラウド化や複雑になる税務など業務環境の変化も急激に進み、その変化についていけるスピードのある対応力が求められています。そして何よりも確実な経営戦略、そしてビジョンがなければ、これからの会計事務所は生き残れない**という現実に直面しています。

人間、誰もが歳をとります。高齢になれば、病気になるリスクも高まります。それだけではありません。一段と変化のスピードが速まっているこの業界においては、経営環境もめまぐるしく進化し続けています。いつか、その進化についていけなくなる時が来るかもしれません。

おそらく、多くの所長先生が、心のどこかで不安を感じているでしょう。でも、どうやって対処すればよいのか分からない。だから、「分かってはいるけれど……」と、決断から遠ざかっているのではないでしょうか。

税理士の先生方には定年という概念がありません。自分が業務を続けようとすれば、何歳まででも働けるのは、税理士ならではのメリットです。

しかし、いつまでも……というわけにはいかないのが現実です。自分はまだまだ先だと思っていても、誰にでもいつかは必ずやって来ます。その「いつか」を、いつにするのか。

事業をやっている限り、**いつかは自分自身で税理士としての幕引きを考えなければなりません。**

◎引退後の事務所経営を考える

ここで一つ質問です。

所長先生は、3年後の事務所がどうなっているか、具体的にイメージできますか? 売上はどのくらいか、事務所の組織はどうなって職員は何名になっているか、顧問先は何件か……そのイメージができているでしょうか?

所長先生の年齢も若く、気力や体力も十分。最新システムも積極的に導入し、顧客も増えて売上も年々右肩上がり。そんな3年後が見えているならば問題はありません。しかし、次のようなケースが思いあたる先生は、M&Aについて考えてみてほしいと思います。

「3年後のイメージが思い浮かばない」

「事務所経営よりも、目の前の仕事で手一杯」

「事務所に有資格者はもちろん、頼れる職員がいない」

「最近体力の衰えを感じる」

「廃業に向けて、事務所を徐々に縮小していく予定だ」

「売上が下がり始めている」

これまで、多くの会計事務所の所長先生と話をしてきましたが、ほとんどの先生がご自身の引退を漠然と考えているにとどまっています。気にはなっているけれど、とりあえず目先の仕事を片付けることに集中してしまい、ついつい後回しにしてしまっている先生、また、「何かあった時には知り合いに頼んである」という先生もいます。

ただ、何年後に引退するのか、自分の引退後の事務所をどうするのかといった具体的なことは何も決めていないケースがほとんどです。

「知り合いに頼んである」という先生も実際に引き継いでもらうことになった時、今の事務所は閉鎖するのか、職員の雇用や待遇はどうするのか、顧客の引き継ぎや顧問契約の内容はどうするのか、といったことまで踏み込んでお願いしているわけではないのが実情で、これでは何も決まっていないのと一緒です。

そんな所長先生に提案したいのが、M&Aという手法です。

以前は会計事務所のM&Aというと、「お客様を売るようなマネはできない！」と反感を抱く先生方が多くいました。M&Aは顧問先を売り渡すことだと思っている先生が多かったものです。また、私どもコンサルタントに相談に来られる先生の中には、「M&Aをすると自分の仕事がなくなり、収入の道が閉ざされるのではないか」と考えている先生もいます。

でも、それらの心配は誤解からきているものです。M&Aは、決してお金と引き換えに顧問先を売り渡すことではありませんし、先生の仕事をすべて取り上げてしまうものでもありません。吸収合併されて良いところだけ取られて、魅力のない顧問先や職員を排除されてしまうこともありません。

むしろ、**お客様である顧問先を守り、また事務所の職員の雇用を守る、経営戦略の一つです。**

◎所長先生に万一のことがあった時の備えとして

税理士業は、ルーチンワークを続けていれば、ある程度の安定収入が見込めます。

そのため、「顧問先が多少減っても、自分が食べていける分ぐらいは稼げる」と考えている先生が多いのも事実です。

これは税理士業のよい面でもありますが、反面、悪い面でもあります。

所長先生が元気なうちは何も問題ありません。しかし万が一のことがあった時、残されたお客様や職員はどうすればよいのでしょうか。ご家族はどう対処すべきでしょう。

顧問先の業務を誰が引き継ぐのか、職員の雇用をどうするのか。

事務所の所長として、考えておかなければならない責任があります。

これまでM&Aをされた多くの先生方は、顧問先や職員を思って決断されました。

「長い間自分について来てくれた職員だからこそ、自分に何かあった時に路頭に迷わせるわけにはいかないし、長年お付き合いのあった顧問先をいい加減に放り出すわけにもいかない。だからこそ、M&Aで信頼のおける事務所に業務を引き継いでもらって、お客様の将来や職員の雇用を守ってほしい」と相談に来られるケースが非常に多いです。

つまり、お客様と職員のためにどうすることがベストかを考えた結果、導かれたのがM&Aという方法だったというのです。

ひと言で『M&A』といっても、会計事務所によって事情が違うように、一つとして同じ事例はありません。それぞれの会計事務所にとって、どうすることがよいのかは異なりますから、条件や事情を勘案してよりベストな策を取る必要があります。

もちろん、すべてのM&Aが成功を約束されているのかといえば、そうではありません。事務所の状況が悪化すれば、パートナーが見つからないというケースもあります。

お互いがより良い将来をつかむためのM&Aとは、どういうものなのか。

M&Aを考えるべき状況とは、どのような場合なのか。

これからの会計事務所のM&Aについて考えてみましょう。

◎M&Aへのマイナスイメージは大きな誤解

先ほど、M&Aに対して誤解があるとお話ししました。

M&Aは、自分に万が一のことがあった時に、お客様の業務や会計事務所の職員の雇用を守るためのものであり、決してお客様を売り飛ばすようなものではありません。

それと同時に、所長先生の仕事がすべて取り上げられてしまうということもないのです。

会計事務所の数だけ、M&Aのスタイルがあるといってもいいほど、それぞれの状況に合わせて条件は異なります。しかし、いくつかは共通していることがあり、「**なるべく所長先生には残ってもらう**」というのもその一つです。

他の一般企業と異なり、会計事務所の業務はとくに属人性が高いものです。

「○○先生とは長いお付き合いだから」

「○○先生だからこそ、ウチは顧問をお願いしているんだ」

そんな声がお客様から聞かれることも珍しくはありません。

お客様に安心していただくためには、所長先生の存在が何より大切なのです。

だからこそ、私たちコンサルタントがM&Aのお手伝いをする時には、所長先生に在籍し続けてもらうことをお勧めしています。

実際に**現役で実務を続けてもらう場合もあれば、顧問や相談役のように現場からは一歩退いて、全体のフォローや後見に回るような形で在籍してもらう**場合もあります。

どのような勤務形態であっても、何か合った場合でも、これまで通り所長先生がいてくれるということが、お客様にとって、最大の安心材料なのです。

もちろん、どのような形で在籍を続けてもらうかは、M&Aの条件として交渉の際に決める必要があります。バリバリと仕事を続けたい先生も、徐々に仕事のペースを落としていきたい先生も、それぞれ自分の条件に合ったスタイルをとればよいのです。

お客様はもとより、職員にとってもバックアップとして所長先生がいてくれるだけで、心強くなるものです。たとえ事務所に出社するのが週に一度、顔を見せる程度だったとしても、所長先生の名前があるのとないのとでは大きな違いがあるのです

POINT

M&Aは万一のことがあった時の備え。
所長先生の仕事がなくなるわけではない。

会計事務所の事業承継はとくに難しい

顧問先、職員に安心してもらうことが重要

◎成功の最大ポイントは「安心」

会計事務所のM&Aは、たとえばラーメン屋さんの暖簾分けのように、秘伝のスープ作りや接客方法などの技術を引き継ぐものではありません。開業以来、何十年と築いてきた「お客様との人間関係」や「事務所の歴史そのもの」を引き継ぐということに他なりません。

会計事務所のM&Aを成功させるために、もっとも大切なポイントは何でしょうか。

それは、顧問先と職員への「安心」の一言につきます。

顧問先と職員を不安にさせないように進めていくこと、それがもっとも重視すべき点です。

職員にM&Aの件を知らせる時や、顧問先に説明する時なども、安心してもらえるように、きちんと説明します。

ここでM&Aを決断した、ある会計事務所の所長先生が職員に向けて書いた手紙の一部を紹介しましょう。

（前略）皆さんが、この事務所の収益がドン底に落ちているなか、必死に辛抱して頑張ってもらっている姿をとくに昨年末じっと見てきましたが、このままではいけない。何とかしなければ……と思い詰めてきました。それで毎日のように考え抜いた結論は、私にとっての使命。それは、

1．まず一つは「皆さんの生活の安定確保」という基本中の基本の問題です。

2．なお、もう一つのことはこの35年間縁あって頼りにしていただき、わが事務所を信頼し、「自己の財産をゆだね」仕事を与えていただいたお客様に対する安心の確保です。自分たちの家族よりも大切に思うお客様との安心と信頼の維持です。それを今まで通り

に末永く守っていくことです。

（中略）

結論としては、全国に強力な支店を持つ税理士法人と合併することにしました。実際には2、3の税理士法人が候補に挙がりましたが、相手候補事務所の選択の要点は次の通りです。

・全国展開で強い基盤を持っていること
・そのことにより、今後も力強く伸展していく可能性の大きな事務所であること
・代表税理士および社内に多数抱えられている税理士に若さと力が伺える事務所であること
・社内の理念、企業文化（社風）がわが事務所に似ていること
・その代表税理士と相性が合うように思えること
・今後、わが事務所を基点として、その相手方法人の持つ顧客拡大のノウハウにより、顧客の拡大創造が大いに期待可能であり、そのことが即、現在の皆さんの生活安定向上に夢と期待が持てること

以上を総合して、最終的に「○○税理士法人」を選択しました。

（後略）

顧問先も、職員も、安心の源は所長先生の存在です。これまで、所長先生がいたからこそ、長きにわたって安心して業務を任せ、また仕事ができていたのです。ですから、前に紹介した手紙のように両者への説明の際には、「何も変わらない」ことを伝える必要があります。

顧問先に対しては、所長先生が変わらずに在籍すること、担当職員も変わらないこと、使用するソフトやシステムにも変更はないこと、これまでの顧問契約も変わらないこと、変わるのは事務所の看板と金融機関の口座だけ……と説明できるぐらいが理想的なM＆Aの形です。

もちろんこれは対外的なもので、内部的には新しい所長が事務所に派遣されたり、所長先生の出社日数が少なくなるなど、多少の変化はあるでしょうが、顧問先が「何も変わりませんね」と感じるぐらいが、もっともスムーズに引き継ぎができます。

なぜなら、本来は会計事務所の看板が変わるのはとても大きな変化のはずです。この「変化」をきっかけに、縁が切れることを防がなければなりません。

後ほどお話ししますが、M&Aをするとどうしても顧問先の一部は離れていってしまうことがあります。それをなるべく最小限に抑えるのが、M&Aの成否を分けるポイントです。

所長がいなくなるなら。

システムが変わるから。

担当者が変わるから。

仕事の仕方が変わるから。

これらの変化は、顧問先が離れていく口実になります。その口実を与えないために、「変わらない」ことが必要なのです。

また、職員に対しても丁寧に理解を求める必要があります。

言わなくても分かるだろうと、勝手に判断してきちんとした説明をしないと、状況が正確に伝わらないばかりか誤解を招く可能性もあります。

実際に、「私たちを残して身売りするなんて、先生に裏切られた」と不信感を抱かれてしまうと、顧問先を持って辞めてしまうこともありえます。

そのように受け取られるのは、お互いに望ましいことではありません。決して、職員を見捨てたわけではないこと。反対に、自分に何かあった時にも職員の雇用を守るために、将来を見据えた策としてM&Aを行う決断をしたことを丁寧に説明して、今まで通り安心して働いてくださいと伝えるようにします。

M&Aによって経営が安定すれば、雇用も維持できます。何の手も打たないでいることのデメリットと、M&Aをするメリットをきちんと伝えれば、必ず理解は得られるはずです。

POINT

顧問先や職員に対して、「何も変わらない」ことを印象付ける。

◎「変えない」ことが顧客離れを防ぐ

顧問先や職員に理解が得られれば、引き継ぎもスムーズに進みます。引き継ぎは実務面でM&Aの成否を分ける重要なポイントです。

この引き継ぎに失敗すると、顧客離れが進んでM&Aは失敗します。成功させるためには、時間をかけて変化を最小限にするように、ソフトランディングを目指します。所長先生も、可能な限り協力してスムーズな引き継ぎを行いましょう。

所長先生が事務所にいるだけで、顧問先や職員に大きな安心感を与えてくれます。私たちがコンサルタントとして関わる時にも、なるべく所長先生には残っていただくことをお勧めしています。たとえ毎日は出勤できないにしても、所長先生の机をきちんと残して、いつでもいることを意識させることが大事です。

じつは、こんな例があります。ある所長先生がM&Aを決意し、実行しました。顧問先や職員にも理解を得て、引き継ぎにも長い時間をかけました。

M&Aから5年が経ち、「もう顧問先も安心してくれているし、自分がいなくなっても大丈夫だろう。そろそろ本格的に引退を……」と考えられて、譲受先の先生と相談し、問題はないだろうということで引退されました。それでも3割ほどの顧問先が「所長先生がいなくなるなら」と顧問契約を終了させました。

当時、すでに所長先生は実質的には現場を離れており、引き継いだ会計事務所と顧問先との関係性も良好だったにもかかわらず、それでも3割もの顧問先が離れていってしまったのです。

これは、会計事務所のM&Aには人間関係の難しさが伴うことを教えてくれる実例です。**古い顧問先ほど、御縁を大切にするもの**です。そこを途切れさせないような努力が必要です。

一方でビジネスライクな顧問先は、ちょっとした変化にも敏感に反応して、新たな会計事務所に乗り換えてしまう可能性があります。とくに首都圏などは競合の会計事務所も多く、顧問先に対して他の会計事務所から売り込みがかかることも多いので、気を抜けません。

譲渡する側として、顧客離れを防ぐには、「変えない」ことが一番です。

譲り受ける側としては、「変える」のではなく、「加える」という意識が必要になります。

これまでの業務に加えて、新たなサービスを提供するというわけです。

たとえば、決算業務だけでなく、事業承継や自社株の評価といった業務も引き受けるとか、経営の相談もできますといった具合です。ただ、それだけでは顧問先はついてきてくれません。多種多様なサービスを提供する大手の会計事務所はいくらでもあるからです。

やはり、前の所長先生のそれまでの実績と信頼があるからこそ、顧問先は顧問契約を続けてきたということを忘れず、それらを引き継ぐだけの誠意を示すべきでしょう。

それでも離れていく顧問先はいます。そういった顧問先は、おそらくこれまでのサービスに少なからず不安を抱えていたに違いありません。そういった不満を爆発させないのが一番よいのですが、完全にというのは難しいのが現実です。

引き継いだ側としては、今ある価値を、どれだけ維持できるかが課題です。

顧問先だけではありません。職員に関しても同様です。

引き継いだ会計事務所の資産には、当然ながら職員という「人財」も含まれます。業務に精通し、顧問先とも長い付き合いのある職員に残ってもらわなければ、事務所がうまく回っていきません。また、引き継ぎにおいても、職員の協力がなければスムーズには進みません。

したがって、譲渡側の所長先生とともにコミュニケーションを取って、互いを理解し合うことが大切です。これを疎かにすると、職員が離職してしまい、業務が破たんしてしまうことになりかねません。そうなれば当然、顧客離れにも歯止めがかからなくなってしまいます。

譲渡する側は、顧問先が安心して契約を続け、職員も変わらず仕事を続けられるように引き継いでほしいと思っています。譲り受ける側も、顧問先や職員がこれまで通りに残ってくれれば、売上を維持することができ、経営が安定します。

お互いのメリットは必ずつながっていますから、変わらずに安心して業務を続けられるよう、相互の理解を進めていきましょう。

POINT

引き継ぎは時間をかけて、変化を最小限にする。

M&Aに伴うトラブルを回避するには

問題発生時の解決策を用意しておく

◎リスク要因の見極めは難しい

譲受側にとって、M&Aはリスクも高いものです。その代表格は、前述した顧客離れです。その一方で、そのリスクを取ってでも得られるメリットがあるのも事実です。もちろん、やり方や方法を間違えなければの話です。

しかし、どんなに最善の方法を取っても、多少の顧客離れは避けられません。しかも、そのリスクの原因がどこにあるのか、その見極めがとても難しく、結果的にトラブルになるケースがあるのです。

一例を挙げてみましょう。

A先生が経営していた会計事務所を、M&Aで譲り受けたB先生。A先生にも協力してもらい引き継ぎも順調に進んでいましたが、M&Aから1年後、2割もの顧問先が減ってしまいました。

最初から多少の顧客離れは想定していましたが、2割も減るとは思ってもいなかったB先生。「これまでのA先生の引き継ぎ方がまずかったから、M&Aをきっかけに多くのお客様が離れていったに違いない。支払代金の一部を減額すべきだ」と考えました。

一方のA先生は、異なる判断をしていました。

「これまで、何の問題もなく顧問関係が続いていた顧問先が離れていったのは、B先生の対応が悪かったのだろう。減額するなんてとんでもない」と思っています。

さて、いったいどちらの先生の言うことが正しいのでしょうか。

じつは、このようなトラブルは決して少なくありません。どうして顧問先が減ったのか、その本当の理由は当事者でないとなかなか分からないことが多く、コンサルタントとして関わっていても客観的に評価しにくい部分です。

もちろん、事前に譲渡側であるA先生にヒアリングを行い、A先生が引退した時に顧問先の何割ぐらいが離れていきそうかを予測します。

譲渡側の先生にしてみれば、お付き合いの長い顧問先が多いですから、大体の数は感触として分かるはずです。

ただし、これはあくまでも感触であり、絶対ではありません。

したがって、先ほどの例のように想定外に大きく減ってしまう可能性もあり得ます。

私たちのようなコンサルタントがM＆Aにアドバイザーとして関わる場合、このようなトラブルを避けるために譲渡対価の受取方法を工夫しています。

譲渡側は譲渡対価を一括で受け取るのではなく、**譲渡契約の締結後に一時金を受け取り、引継期間終了後に残金を受け取る方法、もしくは引継期間中に分割して受け取る方法を選ぶ場合もあります。**

また、引継期間に顧客離れによって売上が下がることも予想されるので、残金を受け取る際には譲渡契約時より減った売上について、譲渡対価を見直して精算する方法を取るケースもあります。

当事者間のみでの話し合いで、このようなトラブルを解消するのは難しいものがあります。とくに売上が下がった場合の譲渡対価の見直しについては、譲渡契約時に計算方法などを事前に書面で明確にしておかないと、あとから「言った、言わない」の水掛け論になってしまい、収拾がつきません。

また、都合の悪いこと、マイナスになるようなことは、お互いに自分から口にしないことも多く、あとから判明して問題になることもしばしばです。

POINT
引継期間に浮上する問題点について解決策を用意しておく。

◎譲渡契約は書面で条件を可視化する

では、トラブルを避けるにはどうすればよいのでしょうか。

トラブルの原因を探っていくと、その大方はあいまいなところを残したままでいるからであることが分かります。

とくに古くからの知人や事務所のナンバー2の職員などに事業を譲渡する際、きちんとした書面による契約を交わさずに口約束で済ませてしまうケースがあります。「長い付き合いだし、信頼しているから」とか、「今さら書面なんて水臭い……」といった気持ちも分かりますが、じつはこれこそがトラブルの温床になってしまうことをぜひ理解していただきたいのです。


これも実際に相談のあったケースで、事務所を職員に引き継ぐ際、売上の1割を年金替わりに先代の所長先生に支払い続けるという約束で事務所を引き継ぎました。ただ、この約束が口頭での約束だったため、書面などにも残しておらず、また、いつまで払い続けるのか期限を定めていなかったのです。

そして引き継ぎ後、事務所の売上が落ち込んでしまった時に、引き継いだ職員としては事務所の経営が厳しいのだから、先代の所長先生への支払金額を減らしても分かってくれるだろうと相談したところ、先代の所長先生もこの対価をアテにしていたそうで「こちらも生活できなくなってしまうので、減額には応じられない」と断られてしまいました。

これは、支払の条件を明確に書面で定めていなかったために起こってしまった問題です。

それ以外にも、所長先生が亡くなったら遺族に支払う必要があるのか、事務所の賃貸借や事務機器のリース契約など、事務所を引き継ぐ時に同時に引き受けなければならないものがたくさんありますし、先代の所長先生の個人的な所有物などを、いくらでどのように引き取るのかなどについても決めておかないといけません。

このように将来トラブルの元になりそうなものは、**事前にきちんと書面で契約を取り交わし、誰の目にも明らかになるようにしておくことが重要です。**

ただし、金銭の絡むことは当事者同士、なかなか言い出しにくいものです。とくに付き合いが長ければ長いほど、そして信頼関係が成立している関係であればあるほど、その傾向は強まります。

しかし、ここをあいまいにしたままだと、いずれ必ずトラブルの原因になるばかりか、事務所の存続にかかわることにもなりかねません。

そういったトラブルの芽を摘むためには、コンサルタントのような第三者を入れて客観的な視点から条件を可視化し、書面で契約を交わすことをお勧めします。

> **POINT**
> **金銭面での条件などは書面に残しておくこと。**

◎家族の同意を得ているか

所長先生がM&Aを考える時、もう一つ確認してほしいことがあります。それは、ご家族の同意を得ているかということです。

会計事務所によっては、所長先生のご家族、とくに奥様が専従者として事務所のお手伝いをしていることもあると思います。M&Aを考える時には、所長先生が独断で決めるのではなく、ぜひ奥様のご意見をうかがってみてください。

M&Aをするか否かだけでなく、**「事務所の経営に関して、今後どうしていくべきか」「5**

年後、10年後、いつまで経営を続けていくか」など、先々の経営方針に関して意見を聞いておくのもよいでしょう。

実際にM&Aを決断して引き継ぎを行う時には、ご家族の協力が必要になります。事前に意見の集約をしておかないと、いざという時にスムーズに進みません。

実際に、M&Aの話がかなり具体的に進んでいたにも関わらず、最終的に奥様に反対されて実現しなかったというケースもあります。

コンサルタントとして私たちが関わる時、ご家族が一緒にお仕事をされている場合には、なるべく初回の相談段階から同席をお願いしていますし、譲受側の所長先生にも一緒にお会いしてもらい、ご意見をうかがうようにしています。

先ほどの例のように反対されることもまれにありますが、「M&Aが決まってほっとした」と安心されるケースがほとんどです。

長い間、所長先生と事務所を支えてきてくれたご家族だからこそ、内心では将来を心配していらっしゃるのでしょう。

それに、M&Aによって所長先生の今後の生活や人生が大きく変わるのですから、当然ながらご家族の生活も変わるわけです。

だからこそ独断で決めるのではなく、ご家族の方ともよく話し合って、皆さんが安心できる将来を築くための決断をしてほしいと思います。

POINT
家族も大事なスタッフと心得て、事務所の将来についての意見を聞いておく。

◎家族を困らせるケースも

ここで、ある事例を見てみましょう。

所長先生が急に亡くなってしまい、一人残されてしまった奥様のケースです。

その事務所には経理、事務を担当する奥様がいるのみで、他に頼れる職員はいません。

奥様はあまりにも突然のことでどうしてよいか分からず、困った挙句に3年前に独立した元職員のＣさんにお願いをして業務を引き継いでもらいました。おかげで急場はしのげたそうです。

私どもコンサルタントに奥様から相談があったのは、急な引き継ぎから半年近く経ったころです。ある程度業務が落ち着いてきたので、書類を整理してみると、Ａさんと譲渡に関する手続きをきちんとしていないことに気付いたそうです。

詳しくお話を伺ってみると、じつはＣさんは優良な顧問先だけを自分の担当にしてしまい、奥様のほうには、顧問料が安い、業務量が多いといった顧問先の対応をまったくしておらず、その顧問先から対応がないというクレームが数件立て続けに奥様のところに来たそうです。

奥様としてはどうにも対応ができないため、きちんとＣさんと顧問先の譲渡について、書面を取り交わして対応してもらいたいとのことでした。

しかし残念ですが結論として、こうなってしまうと打つ手がない、というのが正直なところです。

Ｃさんとしては、自分が必要なところは手に入れてしまったため、今さら書面で取り交わす気はないと思われます。

この事例のように、「いざ」という事態に備えていないと、結果として残された家族や顧問先が非常に困ってしまうことになりかねません。

「自分はまだまだ大丈夫」と考えている所長先生も多いかもしれませんが、「転ばぬ先の杖」という諺もあります。きちんとした条件整備ができるうちに、「いざ」という時に顧問先や職員、そして何より家族が困らないように、少しでも早く準備を始めることが重要になります。

POINT

条件整備ができるうちに行っていないと、遺された家族を困らせることがある。

M&Aに対する意識の変化

今や会計事務所もM&Aが当たり前の時代に

◎アメリカではM&Aが当たり前に

アメリカの会計事務所ではM&Aはとても一般的に行われています。大手会計事務所では、買収や合併を繰り返して、数千人規模にまで拡大しているところもあります。買収や合併の候補先をリスト化して管理し、つねにそのタイミングをうかがっています。

米国公認会計士協会のニュースには事務所の「売ります・買います」といった情報が当たり前のように掲載されています。アメリカでは、会計事務所同士が事業拡大を図るためのM&Aが盛んに行われているのです。

いずれ日本も同じような状況になることが予想されます。

日本では、まだM&Aを経験していない会計事務所が圧倒的多数ではありますが、ここ10年ほど前から相談件数は増えてきました。60～70代からのご相談が中心で、なかには80代の先生や50歳前後の先生からの問い合わせもあります。

◎M&Aに対する意識に変化

私たち会計事務所M&A支援協会は、1999(平成11)年に前身である会計事務所M&A研究会として発足しました。

当時はアメリカにおける会計事務所のM&Aの事例を紹介すると、「顧問先を売るなんてとんでもない!」と、嫌悪感を示す先生が大多数でした。前述したアメリカのM&A事情についての話をすると、「日本では絶対に馴染まない」という先生が多かったものです。

しかし最近では、会計事務所業界の変化や、税理士の高齢化が影響し、以前のように「M&Aはうしろめたい」という声はほとんど聞かれなくなりました。現在は会計事務所業界の状況は一変し、先生方の意識も変わってきました。

「事務所の状況が厳しくなり、手遅れになる前に顧問先や職員をしっかりとした事務所に引き継いで守りたい」という考え方にシフトしてきたのです。

なかには「まとまったお金をもらって早く引退したい」「息子に継がせるには忍びない、またなかなか資格が取れないので他の事務所に引き継ぎたい」といったケースも最近では珍しくありません。

このような意識の変化により、会計事務所M&Aが当たり前に活用される時代になっているのです。

◎M&Aはピークを維持している時に行う

ただし現実的にM&Aを考え始めて、準備しているケースは、残念ながらまだあまり多くありません。たとえば、所長先生が大きな病気にかかった、売上が下がり経営が厳しくなった、ナンバー2が独立してしまった、などといったような何か急ぐきっかけがないと一歩踏み出さない傾向があるのです。

日本の会計事務所の場合、潜在的に後継者問題を抱えているのも大きな特徴の一つです。親族や職員に有資格者がいないので、やむをえず他事務所に承継しているケースも多いです。

じつは、**売上が下がり始めてから相談に来られる所長先生が多いのですが、第2章でも述べるように、M&Aはピークを維持している時に行うのがベスト**です。

後述しますが、M&Aにおけるアメリカの格言で、Don't fall in Love with your property.（あなたの資産に惚れこみ過ぎてはいけない）という言葉があります。惚れこみ過ぎると、手放す時期を逃してしまうという意味です。

会計事務所の評価は事務所の固定売上をベースに考えます。もし先々売上が落ちるようなことがあれば、事務所を譲渡するにしても、その分条件が悪くなってしまいます。

POINT

アメリカでは会計事務所のM&Aが盛んに行われている。いずれ日本も同じような状況になる。

第2章

会計事務所のM&A

M&Aには3つの方法がある

◎3つの譲渡の方法

会計事務所におけるM&Aは、基本的に譲渡する手法がほとんどです。

また、一言でM&Aといっても、会計事務所によって事情は異なり、それぞれに希望する条件も変わってきます。そのなかでも、所長先生が事務所をどのような形で承継したいかによって、M&Aを大きく3つのタイプに分けることができます。

①合併型

会計事務所でいう合併型は、経営については譲渡先にゆだねて所長先生は引き続き業務を続けていくというタイプです。基本的には譲受先が経営権を持ち、所長先生は一職員、もしくは社員税理士という立場で税理士業務を継続します。また税理士業務を行わずに相談役や会長として在籍するというケースもあります。

事務所を残す場合は、税理士法人の一支店という位置づけとなります。所長先生がどのような形で在籍するか、業務としてはどこまで担当するかは、事前に所長先生の希望を踏まえて決めていきます。

★このようにお考えの先生にお勧め

・事務所経営より税務の仕事に集中したい
・競争激化の時代、営業力のある大手事務所の傘下に入ったほうが得策と考えている
・生涯現役でいたい
・自分に何かある前に対策をしておきたい

②譲渡型

譲渡型は、譲渡先に事務所ごとすべてを譲り渡し、一定期間引き継ぎを済ませた段階で

所長先生が完全にリタイアするタイプ。

★このようにお考えの先生にお勧め

・リタイアして業務から完全に離れたい

・事業転換を考えている

・他のやりたい事業に集中したい

・体調が悪く、引き継ぎに長い時間をかけられない

・まとまったお金が欲しい

③承継型

承継型は、事務所内に人を迎え入れて、じっくりと時間をかけて顧問先を引き継ぎます。引き継ぎが終了したのちに、所長先生が希望する時期にリタイアをするタイプです。急激に環境を変えることなく、徐々に新事務所の体制に移行していくソフトランディングの形をとるため、比較的スムーズに引き継ぎが行えるメリットがあります。

ただし、引き継ぎに時間がかかるため、所長先生が高齢であったり、体調に問題があっ

たりする場合、引継期間の確保が難しくなるというデメリットも。承継型を選択するのであれば早めの準備が必要です。

★このようにお考えの先生にお勧め

・今はまだ元気だが、不慮の事態に備えておきたい
・職員に将来の道筋を示してあげたい
・顧問先に不安を与えないよう、時間をかけて引き継ぎをしたい
・自分の期待できる相手に引き継ぎたい

◎3つのどのタイプを選ぶのがベストか？

どのタイプを選択するかは、所長先生が事務所をどうしたいのか、またご自身の将来設計をどのように考えているかによって変わってきますので、一概にどれがベストとは言えません。

また、この3つはあくまでも大まかなタイプ分けであり、さまざまな契約条件を付け加えることで、ご自身の希望に沿うような形にすることも可能です。

ただし、注意が必要なのが①の合併型です。

なぜなら、この合併型は失敗するケースが多いからです。

よくある失敗例が、事務所が対等合併したケースです。昔の合同事務所のようなパターンをイメージすると分かりやすいかもしれません。

この場合、事務所が対等な立場で合併したことにより、**所長先生が複数存在することになります。合併後に、便宜的に所長・副所長などと役柄を分けたとしても、経営に関する意思決定を行う立場の人間が何人もいると、経営判断が分かれた場合にやっかいなことになります。**

右と左で違うことを言ったりすると職員が混乱しますし、事務所としての意思統一ができません。経営の調子がよい時は問題が表面化しなくても、ひとたび業績が悪くなると派閥争いが起きたりして、もめる原因になります。

かつて、税理士法人が認められた当初、対外的な見栄えやブランディングのために多くの会計事務所が知人や友人同士で合併をしましたが、結局仲たがいをして解散することになったという例もよく耳にします。合併型にはそれと同様の危険が伴います。

そのようなトラブルを防ぐためには、吸収合併の形を取ることです。ただし、当然敵対的合併ではないことが前提。あくまで指揮系統のラインを一本化することが大切です。決定権を持つ人物を一人に集約し、それ以外の人は決定に口出しは厳禁で、あくまでもアドバイスする程度に留めます。

とくに経営に関する決定は、トップ一人の専権事項と認識しましょう。これから競争が激しくなる時代、合併後は事務所全体で戦略やビジョンを共有し、一丸となって推し進めることが求められます。それなのに意思決定や考え方が分かれてしまっていると、組織の空中分解につながってしまいます。

譲渡の場合でも、譲渡側の所長先生が引継期間中に、これまでの自分のやり方にこだわってしまい、余計なアドバイスをすると、事務所としての意見が割れてしまい職員が混乱してしまうケースがあります。

これではせっかくM＆Aをしても、意味がありません。事前に譲渡契約の段階で、指揮系統を明確にしておくこと。譲渡側、譲受側、双方の意思を統一し、共に取り組むべき戦略やビジョンを共有しましょう。

M&Aのベストタイミング

経営の充実期にこそ検討する

◎M&Aにはベストなタイミングがある

モノの売り買いには、「タイミング」というものがあります。株も外貨も、いつでも売買できますが、株価が高い時に売ったほうが利益が出ますし、商品を輸入する時には円高の時のほうが安く買うことができます。

もちろん、M&Aにもベストなタイミングがあります。

このベストなタイミングとは、いつのことを言うのでしょうか。

一つは、外的要因として業界の動向が挙げられます。約10年前は、会計事務所のM&Aは今ほど一般的ではなく、「売りたい」という事務所もほとんどありませんでした。

一方で、「買いたい」という潜在的な需要は結構な数があり、需要と供給のバランスで言えば、需要に対して供給が極端に少ない状態、いわゆる圧倒的な売り手市場であり、どんな事務所でも引き受け先に困ることはほとんどありませんでした。

現在、会計事務所のM&Aの件数は、徐々に増え始めています。所長先生の高齢化や競争の激化、そして景気の低迷などによる売上減などを理由に、譲渡を考え出す事務所、つまり供給量が増えてきているのです。

需要のほうはというと、全国に支店を設けているような一部の大型会計事務所などはすでにある程度の需要を満たしてきており、どんな事務所でもいいから引き受けるといった状況にはありません。むしろ「条件のよい売り手だったら引き受けてもいい」と、選別に入っている事務所も出てきています。

現在、M&Aにおいて譲受先の中心となりつつあるのは中堅規模の会計事務所です。需要と供給のバランスで言えば、まだ売り手市場ではあるものの、決して無条件というわけではありません。**譲渡側も一定の条件をクリアしていることが望まれています。**

この条件こそがM&Aのタイミングを計るもう一つの指標であり、内的要因ともいえる

「譲渡側の事務所の価値」を示しています。

ここで、M&Aで譲受先の立場になって考えてみましょう。

ここに2つの売却希望の会計事務所があるとします。一つは売上をどんどん伸ばしている右肩上がりのC事務所、もう一つは最近顧客離れが続き、売上が落ちているD事務所、譲渡金額が同じと仮定して、あなたならどちらの事務所を譲り受けたいと思いますか？

誰もがC事務所と答えるでしょう。

会計事務所のM&Aに限らず、これは市場原理としてごく当たり前のことです。せっかくまとまった資金を出して譲り受けるのであれば、より高い売上が期待できる事務所のほうがよいと思うはずです。

事務所の売上は、会計事務所の価値を表す指標の一つです。この指標が高ければ、もちろん引く手あまたで譲受先が現れるでしょう。

ところが、右肩下がりの売上が何年も続いているようだと、なかなか条件にあった譲受先を見つけるのが難しくなってしまいます。そうなってからでは遅いのです。

■事務所の現状を知る

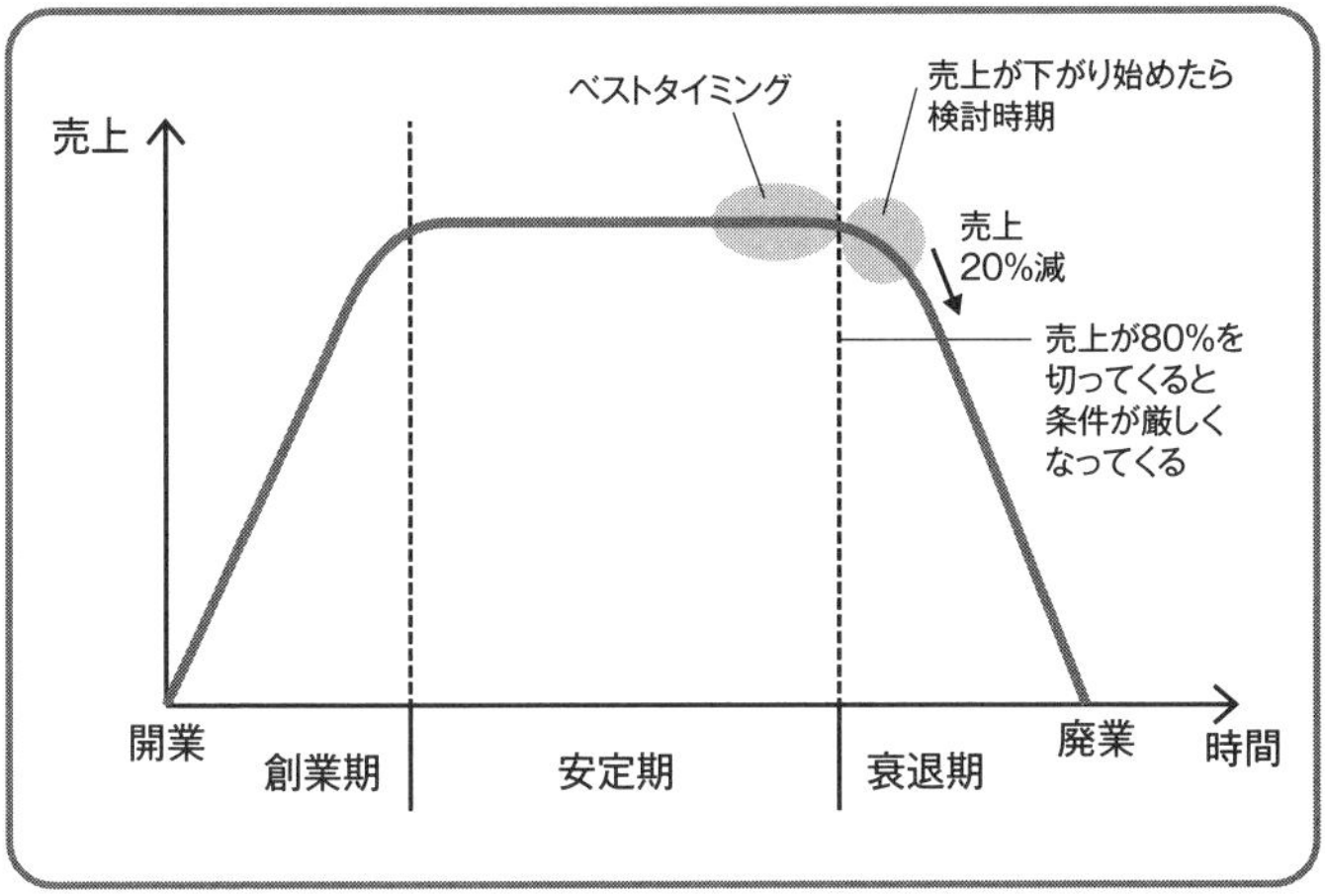

◎事務所の現状を客観的に知る

ベストタイミングを計る2つの要因のうち、内的要因である「譲渡側の事務所の価値」を判断するには、客観的な視点が必要になります。

上の図をご覧ください。横軸が時間の経過、縦軸が売上高を示しています。左端の創業から創業期、安定期（ピーク期）を経て、衰退期へと移行し、最終的に廃業と進んでいきます。売上も、創業から右肩上がりで安定期を迎え、次第に右肩下がりへと移っていきます。

まず、自分の会計事務所がこの図のどこに位置するか、冷静に考えてみてください。

M&Aのタイミングとしては、できるだけピークに近いところが理想で、安定期がベストと言えます。事務所の売上も安定していて体制も整っているため、譲受側としては一定以上の売上が見込めて、かつその基盤を基にさらなる成長や発展が期待でき、M&Aの条件としてはまさに好都合。譲渡側としても相手に困ることなく、ベストな条件を引き出すことができます。

しかし、売上や生活が落ち着いている時期に、せっかく安定している事務所を手放そうという先生は少ないでしょう。実際に私どものようなコンサルタントにM&Aの相談にみえる先生方も、「最近少し売上が減ってきていて……」といったケースがほとんどです。

M&Aを検討するタイミングとしては、ピークを少し過ぎたあたり、売上が少し落ちてきたぐらいのタイミングでM&Aを行うというのが、現実的であり、一般的です。

ここで気をつけていただきたいのは、ピーク時の売上の80%以下に落ち込んでくると、なかなか食い止めることが困難になり、条件は悪くなってしまうことがあります。そのような会計事務所を引き取るのは、リスクが高すぎると判断されてしまい、譲受先も慎重になるからです。

さて、ご自身の会計事務所は、今どの状況にあるでしょうか。
そして、3年後にはどの位置にいるでしょう。

現在、成長段階まっただなかにあるのなら、とりあえずは現状のままで問題はありません。あえていえば、ピークとしての目標をどこに据えるか、そのあとの経営方針として拡大路線を継続するのか否かといった点について、今から考えておけばもっと安心です。

一方、「今まさにピークを迎えている」という会計事務所の場合、その状況をこれからも継続できるでしょうか。3年後、現状維持、もしくはさらなる拡大ができているでしょうか。事務所の方針として、拡大路線でいくのか、現状を保つことに注力するのか、しっかりと戦略を立てる必要があります。

そして、「ちょうどピークを過ぎて、売上が減りつつある」という会計事務所の場合、もう一度右肩上がりの路線にシフトするのか、それとも別な道をとるかという選択になります。

経営を持ち直すためのアイデアがあり、戦略を立てて実行する意欲と行動力がついてくるのであればいいですが、そうでない場合、たとえば**所長先生の気力や体力が伴わないといったような場合はM&Aを考えるべき時**に来ています。

自分の事務所の価値を客観的に評価するのは、思いのほか難しいものです。自分が立ち上げ、努力して経営してきた事務所だからこそ、思い入れもあるでしょうし、マイナスの評価をしたくないという意識が働きます。それは当然のことだと思います。

でも、ここでしっかりとした評価をしておかないと、みすみすM&Aのベストタイミングを逃すことにもつながりかねませんし、最悪は手遅れになることさえあります。

そういった時に、私たちのような専門のコンサルタントにご相談いただくと、先生方のお役に立てることがあります。

私たちが先生方から話を聞く時には、現在の売上を聞くだけで評価するようなことはしません。現在の状況に至った経緯、そして今後はどのような予測ができるのか、その他にも所長先生のお考えや事務所の理念、職員の方々の状況など、さまざまなことをお聞きしたうえで、よりベストであると思われる方法をご提案しています。

もちろん、第三者として**客観的な視点から冷静に現在の事務所を評価することができるので、正しい事務所の資産価値を知る**ことができます。

> **POINT**
> **譲受側にとって自事務所に魅力があるかどうかを客観的に判断する。**

◎決断の先延ばしはNG!

少しでも売上が落ち出した時から、すでに黄色信号は点滅し始めています。もちろん、その時点ですぐにご相談いただければ、M&Aは十分に可能です。それまでしっかりと経営してきた会計事務所であれば、売上が多少右下がりになっていても、まったく譲受先がつかないということにはなりません。

それにこの時点なら、自力での立て直しが可能な場合もあります。もう一度右肩上がりの状態にしようと戦略を立て、対策をとれるのであれば、業績の改善も期待できるでしょう。
最悪のケースは、売上が落ち始めているにもかかわらず、何も手を打たずにいることです。なんとなく「このままではまずいかな」と思いつつも見ないふりをしていたり、決断を先延ばしにしたりしていても、状況が改善する可能性はほとんどありません。

ただでさえ、日本は少子高齢化時代に突入しています。会計事務所のお客様である中小企業の数は減っていくばかり。限られた数の顧客を、会計事務所同士が奪い合っているのが現状です。

かつてのように、何らかの営業活動をしなくてもなんとかやっていける時代ではありません。積極的に手を打たなければ、先細りになるのは目に見えています。

それなのに、右肩下がりの現状を放置し続けていたとしたら、いずれ事務所の経営も圧迫されます。そうなるとM＆Aによる譲渡はかなり厳しくなります。譲受先にとっても、来年の売上さえ目途がつかないような会計事務所を譲り受けるメリットはありません。つまり、会計事務所としての資産価値はないに等しいと判断されてしまうのです。

実際、私たちコンサルタントにM＆Aの相談に来る先生方の事務所も、売上のピークを過ぎている場合が多く、**なかには手遅れ間際のギリギリの状態で駆け込んでくる先生もい**らっしゃいます。まさに、一刻も早く決断をしなければならない状態です。

もし、ご自身の事務所の売上が、すでにピークを過ぎているとしたら、今から自力で盛り返すテコ入れができるかどうか。所長先生にそれだけの気力と体力があるかをよく考えてみてください。

そして自分があと何年現役で活動できるかを考えた時、廃業だけではなくM&Aも選択肢の一つに加えることをお勧めします。

自力で立て直すにしろ、M&Aをするにしろ、決断を先送りにしても事態が好転することはまずありません。

早めに決断することが、顧問先の将来に対して、職員の雇用に対して、そして所長先生ご自身にとっても最善の策になるはずです。

POINT

決断を先延ばしにしても状況がよくなることはない。

◎売上規模別に見るM&Aの特徴

ここで会計事務所の売上規模別に、M&Aの特徴を見てみましょう。

①2000万円未満

所長先生が一人で切り盛りしている規模の会計事務所で、顧問先の数もそれほど多くはありません。なかには、以前は職員が複数いて、顧問先も多かったけれど、先生が高齢になるにつれて少しずつ規模を縮小してきたというケースもあるでしょう。

この規模の場合、所長先生が業務の大半を一人で行っているので顧問先との関係性が非常に強いです。また所長先生と同様に顧問先の高齢化が進んでいたり、「所長先生が引退するなら……」と、同時に廃業する顧問先も多いです。顧問先の引き継ぎに時間を要するため、できるだけ早い段階から準備が必要です。

②2000万〜5000万円

所長先生のほかに職員が数名。それぞれに自分の顧問先の担当を持っているなど、ある程度の役割分担ができているので、比較的M&Aがしやすい規模の事務所といえます。

ポイントとしては、やはり経営やマネジメントは所長先生がほとんど一人で行っているため、所長先生が引退される場合は、所長先生に近しい新たな所長に事務所に来てもらう必要があります。また、事務所の売上のうち、顧問契約よりも相続などのスポット的な業務の比率が大きい場合や、労働分配率が高くて利益率が低い場合など、事務所の内容次第で条件が厳しくなる可能性があります。

③5000万〜1億円

売上規模がこれぐらいになると、ベテラン職員が複数名いることも多く、所長の仕事は決算書のチェックと顧問先との打ち合わせや経営相談が中心となります。顧問先も100件以上抱えていて、なかには数億円規模の顧問先もあります。

売上や事務所の体制は安定しているため、譲受側から見てもとても魅力的な事務所となり、M&Aもしやすいでしょう。注意したいポイントとしては、比較的高い顧問料をもらえる売上規模が大きい顧問先をきちんと引き継ぎができるかどうかです。

④1億円以上

このクラスになると、十名以上の職員を抱えて、中にはマネージャークラスの主要な職員がいて、組織ができているケースもあります。

売上規模に応じて譲渡対価も大きくなるため、まずは現実的に資金面でM&Aができる相手先に限られます。また実務面においても、譲受側にはレベルを落とさないだけのスキルが求められますし、職員と顧問先が納得できる相手先である必要があります。

条件に見合った譲受先がどれだけ現れるかがポイントとなるため、できるだけ時間に余裕を持って進めていくほうがいいでしょう。また譲受先についても、地域や規模を限定せずに、ある程度間口を広げてなるべく選択肢を多くすることが重要です。

◎ベストのタイミングなら選択肢も多い

これまで、M&Aのタイミングを会計事務所の売上という側面から見てきました。ただ、会計事務所のM&Aは事務所の売上だけで決まるものではありません。単純に高く売れればよいというものではないからです。

たとえば、多くの所長先生が自分なりの経営哲学を持っておられるでしょうし、それらは会計事務所としての方向性や業務のスタイル、また職員教育などに反映されているでしょう。

ところが、M&Aをする譲渡先の事務所と、それらの考え方が異なっていたらどうなるでしょうか。

顧問先へのサービスや職員の待遇が、これまでの経営方針とは180度変わってしまったら、顧問先からの信頼をなくしてしまう可能性もありますし、職員も馴染めずに不安になってしまいます。

最悪の場合は、顧問先離れが加速して売上も激減、職員も新しい方針についていけずに退職してしまうかもしれません。

これでは、せっかくM&Aが成立しても、譲渡側、譲受側ともに不幸な結果となってしまいます。

じつは、これこそがM&Aにおいてタイミングを重視する最大の理由であり、譲渡対価よりも大きなポイントといえるかもしれません。

どういうことかと言うと、売上の面でM&Aにベストなタイミングを選択できれば、「事務所を引き受けたい」と思う譲受先も複数現れます。そうすれば、**数ある候補の中から、譲渡対価以外の条件、つまり所長先生の経営方針や職員の雇用などについて、もっとも方針が一致し、希望の条件に近いベストな譲受先を選ぶことができる**のです。

ところがタイミングを逃し、売上が激減して二進も三進もいかない状態になってからM&Aをしようとしても、なかなか譲受先は現れません。かろうじて現れたとしても、あまりよい条件を提示してはもらえず、先ほどのように双方にとってうまくいかない結果となってしまう場合もあり得るのです。

私たちコンサルタントも、譲渡先の所長先生の話をじっくりと聞き、なるべく先生の意に沿った条件でM&Aができるように譲受先の会計事務所をご紹介するようにしています。

だからこそ、数ある選択肢のなかから相手先を選べるように、M&Aのベストタイミングを逃さないようにしてほしいと、これまで説明してきました。選択肢は一つより2つ、2つより3つと多い方がいろいろな考え方や経営方針の事務所が選べますし、条件交渉もしやすくなります。

ベストな相手を選ぶためにも、早いうちからコンサルタントに相談し、タイミングを逃さないことが大事です。

もちろん、必ずしも今すぐにM&Aをしなければならないということではありません。事務所とご自分の状況を見極めるための客観的な視点を手に入れましょう。

自分の事務所が現在どのポジションにあるのか、創業期なのか、安定期に入っているのか、それともピークを過ぎているのか。正確な位置を把握したうえで、どうするかを考えればよいのです。

これまでの推移が分かれば、おのずと今後の展望も見えてきます。そうすれば、決断までのベストタイミングを現実として捉えることができるでしょう。

POINT
多くの譲受先候補がいれば有利な条件が選べる。

◎「売って終わり」ではない会計事務所のM&A

これまで繰り返して早めの決断を説いてきたのには、もう一つ理由があります。それは、**会計事務所のM&Aは、譲渡して終わりではない**からです。

そもそも、譲渡契約の前段階にも時間がかかります。ケースバイケースなので一概にはいえませんが、譲渡側の先生からご相談を受けてから実際に譲渡契約を交わすまでに、およそ3カ月から半年ほどの時間を必要とするのが平均的なスケジュールです。

もちろん、喫緊の場合はもっと短縮することも可能ですが、その場合はどうしても選択肢の幅が狭まってしまいますし、条件を妥協せざるをえなくなるため、お勧めはできません。

そして譲渡契約を交わしたあとに、引き継ぎの期間が必要になります。私たちがM&Aにコンサルタントとして関わる場合、引き継ぎに関してもアフターフォローをしますが、それでも最低1年間の引継期間を設けてもらっています。


前にも会計事務所は属人性の高い業種であると述べました。その事務所を引き継ぐということは、言い換えれば、それまでの所長先生の人間関係、そして事務所の歴史をまるごと引き継ぐようなものですから、本音を言えば1年でも短いぐらいで、本当は3年から5年ぐらい、じっくりと時間をかけて引き継ぎを行うことがベストです。

引き継ぎについては、具体的には譲渡側の所長先生と譲受側の所長先生と一緒に、1件1件顧問先を回っていきます。当然ですが、その時は「事務所を譲りました」などということには一切触れず、「このたび、○○事務所と経営統合しました。でも担当職員も業務内容も、事務所の場所についても今までと何も変わらないので、ご安心ください。これからは税理士○名体制でやっていくので、今まで以上のサービスができるので何でも言ってください」などと、顧問先に安心してもらう作業を行います。

この**引き継ぎがうまくいくかどうかが、M&Aの成功のカギといっても過言ではありません。**というのも、この引き継ぎがまったくできない状態でM&Aのご相談を受けるケースがあるからです。

以前、所長先生が病のため入院してしまい、ご家族から「事務所を誰かに引き継いでほしい」というようなご相談を受けたことがあります。これが最悪なケースです。残されたご家族は業務のことを何も分からず、職員もどう対処していいか分からず不安な状態です。

主役の所長先生がいないと結局、具体的な引き継ぎのサポートができませんから、もし譲渡先が現れたとしても、職員や顧問先について所長先生のサポートがないままに引き継ぎを進めていかなければならず、職員や顧問先が離反してしまう可能性が高くなります。

現実にはそこまでして引き受けたいという事務所が現れるわけもなく、こうなるとコンサルタントとしても手の施しようがないというしかありません。

何よりも、**急な環境変化は顧問先にも迷惑をかけてしまいます。引き継ぎの時間を長く取るのは、顧問先や職員に安心してもらう時間を作るという意味でも必要**なのです。

だからこそ、所長先生が元気に動けるうちに引き継ぎも行わなければなりません。今すぐに決断したとしても、引き継ぎを終わらせて現場から手を放すまでには少なくとも数年はかけたほうが、顧問先も安心するでしょう。

もし、「3年後には誰かに事務所を譲りたい」と考えているならば、今から準備を始めるべきです。顧問先の信頼を損なうことなく、かつ顧客離れを防いでスムーズにM&Aを進めるためにはそれだけの時間が必要です。その点を見込んだうえで、いつ決断を下すべきか、いつから準備を始めるべきかを考えましょう。

POINT

譲渡契約後に最低でも1年間は引き継ぎに時間をかけること。

◎知らない間にリスクを抱えている可能性

会計事務所の利点として、一度顧問契約が取れると、解約にならない限りは、ある程度の安定収入を見込むことができることがあります。

しかし、一方でこの利点がリスクとなってしまうこともあります。

会計事務所の業務は、長年のルーチンワークのなかで試行錯誤を重ねて、その事務所のやり方やルールが決まっていき、一度やり方が決まってしまうと、それが固定化されてしまいがちです。とくに外部の研修会やセミナーなどに参加されず、他の税理士との交流の機会が少ない先生はこういった傾向があります。他の事務所のやり方を知るチャンスがほとんどないので、他と比べることもできません。本当にそのやり方がベストなのか、もっと効率のいい方法はないのか、などといった視点がほとんどなく、現場改善が行われにくい環境になってしまいます。

ソフトや業務のやり方が日々進化している今日において、従来のやり方を変えずに何年も経つと、**知らぬ間に時代に取り残されてしまっていたという事務所もまだ多いと思いま**

す。**実際にM&Aをお手伝いした事務所で、未だに手書きの申告書を作成しているケースがありました。**

それだけではありません。多少効率が悪いだけならまだしも、複雑になる税法に対応できず、古い知識のままで業務を行っていたというケースもあります。実際、M&Aのあとになって、譲受側の事務所のチェックによって「申告書の、ここの計算が間違っている」と判明したことがあります。

申告書の書き方や税法の解釈が間違っている場合、顧問先にとんでもない迷惑をかけてしまうことにもつながりかねません。とくに相続などは税額に大きな差が出ることもあり、下手をすれば訴訟問題に発展する可能性もあります。

他の事務所はどうしているのか、常日頃からそういった情報収集を怠らないように心がけていないと、知らない間に潜在的なリスクを抱え込んでいる可能性があり、M&Aにおいてもマイナス要因と捉えられてしまいます。

現状を把握するためにも、ご自身の会計事務所の**業務内容や仕事のやり方を見直してみ**

る、**他事務所の動向や業界のトレンドについても情報収集してみる**など、精査してみるのもよいでしょう。

第3章

M&Aの
具体的な進め方

個別相談から引継完了後まで

◎会計事務所M&Aの進め方

ここで、会計事務所のM&Aがどのような手順で進められるのかを、具体的に見ていきましょう。私たち「会計事務所M&A支援協会」では、次ページの図のような流れでM&Aを行っています。

基本的に会計事務所を譲渡したい所長先生の立場に立ち、アドバイザーとして希望をお聞きし、最大限に考慮します。

もちろん、長年経営した会計事務所を他人に任せるのですから、譲渡側の所長先生としては不安な点や心配なことも多々あるはずです。

■M&Aの流れ

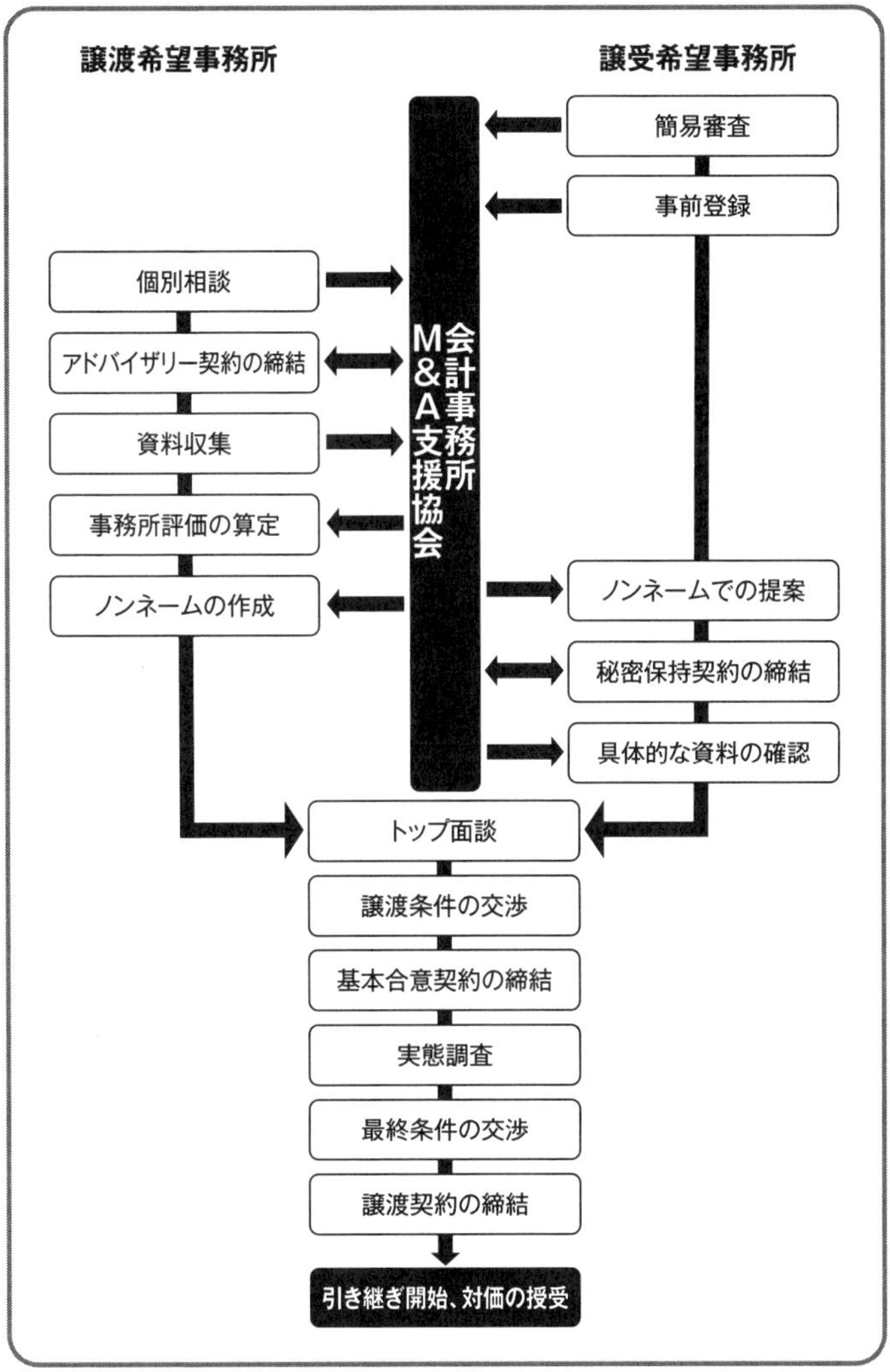

譲渡希望事務所
譲受希望事務所
簡易審査
事前登録
個別相談
アドバイザリー契約の締結
資料収集
事務所評価の算定
ノンネームの作成
会計事務所M&A支援協会
ノンネームでの提案
秘密保持契約の締結
具体的な資料の確認
トップ面談
譲渡条件の交渉
基本合意契約の締結
実態調査
最終条件の交渉
譲渡契約の締結
引き継ぎ開始、対価の授受

職員や顧問先の方々が不安にならないように、急激な変化を避けてM&Aをスムーズに進められるよう、譲受側の所長先生のご協力も仰ぎながら、譲渡契約や引き継ぎを進めていきます。

①初回相談

所長先生や事務所の状況に応じて、今後の方針や最適なM&Aスキームを検討、提案していきます。

また、譲受先を探していくうえで根幹となりますので、所長先生の希望以外にも、**今までどういうお考えで事務所を作ってきたか、職員や顧問先との関係をどう築いてきたかなど、長年、職員や顧問先を守ってこられた所長先生の「想い」を伺います。**

また、大手税理士法人を希望したい、若手の先生に受け継いでもらいたい……などといった譲受先に関しての要望もお聞きします。

②アドバイザリー契約の締結（秘密保持契約）

具体的に譲受先事務所を探すための、専任契約を取り交わします。

所長先生の**個人情報や事務所の内部情報、顧問先の情報など機密情報が多分に含まれるため、所長先生に安心してM&Aに臨んでいただけるように秘密保持に関する契約を結びます。**

とくに、職員に対して発表する内容やタイミング、また顧問先へのリリース方法など、伝え方を少しでも間違えてしまうと、不安が伝わってしまいます。

職員や顧問先に不安を与えないように進めていくためには、秘密保持はもっとも重要と言っても過言ではありません。

③資料の収集・ヒアリング

譲渡側の事務所の現状を把握するために、過去3期分の申告書類や顧問先一覧、職員名簿といった事務所の内部資料をお預かりします。会計法人を運営している場合は、会計法人の内容も合わせて確認します。

今の事務所の状況についてできるだけ詳しい情報があると、その後の交渉に役立ちます。

具体的にお預かりする資料は次の通りです。

・確定申告書（過去3期分）
・顧問先一覧表
・職員名簿
・履歴書
・事務所賃貸借契約書
・事務所の面積や間取りが分かるもの
・リース契約書類
・決算書　※会計法人を運営している場合は、会計法人の決算書類も確認します。

また、資料の他にも、ヒアリングによって、職員が日常どのような業務を行っているか、月次監査や記帳代行を行っているか、会計ソフトは何を利用しているかなど、より実務的な内容についても確認します。

具体的に譲受先を絞り込むうえで、客観的に判断できる材料として、できるだけ詳しく情報を確認していきます。

④事務所評価の算定

お預かりした内部資料を基に、現在の事務所の状況から考えられる譲渡対価の基準となる評価を算定します。

また、引き継ぎにおけるポイントや譲渡契約の諸条件を同時に洗い出します。

注目するポイントは次の通りです。

・売上の推移
・どれぐらいの所得が出ているか
・顧問先で近々廃業を予定しているところがあるか
・極端に顧問料が高い顧問先はないか
・顧問先や売上のバランス
・職員の年齢構成や経歴、給与の額
・業務内容

・Ｍ＆Ａ後に人員の補充は必要かどうか
・所長先生が引き継ぎのサポートをできるかどうか

⑤ノンネーム情報の作成と候補事務所の選定

譲受先の候補事務所へ渡す譲渡側の概要情報として、固有名詞などの特定できてしまうような情報を伏せたノンネームの情報を作成します。譲受先が正式に決まるまでは、**譲渡側の事務所が特定できるような情報はすべて伏せていきます。**

あらかじめ当協会が譲受先候補として選んだ事務所にノンネーム情報を提示し、その内容を踏まえたうえでＭ＆Ａを前向きに検討したいと名乗りを挙げた事務所を３～５件ほどピックアップします。

候補事務所の概要と経営方針を踏まえて、譲渡側の所長先生と相談しながら、具体的に面談する事務所を選定します。

⑥トップ面談

コンサルタント同席の元、譲受先候補の所長先生と譲渡側の所長先生とが、はじめて顔を合わせます。

この段階では、譲渡対価など細かい条件の話はしません。**譲受先の事務所の経営理念や企業文化、今後の経営方針といった話を中心に、まずは双方のことを知り、職員や顧問先との相性が合うかどうかを確認します。**

複数の候補事務所と面談し、最終的に話を進めていきたい事務所を決定します。

⑦譲渡条件の交渉

この段階で、具体的な譲渡条件の交渉に入ります。

契約内容や、引き継ぎに関する条件などを協議し、詳細を決めていきます。

とくに金銭に関する話や、譲渡側の所長先生の処遇など、なかなか当人同士では話しにくい内容もあるので、当協会がコンサルタントとして加わる場合は譲渡側の所長先生に代わってすべての条件の取りまとめを行います。

譲渡条件とは、主には次のような内容を決めていきます。

○譲渡対価の額
○譲渡資産の範囲
○譲渡対価の支払い方法
○引き継ぎの開始時期、期間
○譲渡契約時期
○譲渡側の所長先生の役職
○職員の待遇や退職金の精算
○顧問契約の引き継ぎ
○業務内容の確認
○新たに所長先生や職員を派遣してもらう場合は、その人材の内容

⑧基本合意契約の締結

譲渡の条件が大枠で決まった段階で、基本合意契約を締結します。
この契約の内容は、次のようなものになります。

○大枠の譲渡条件
○最終契約の時期
○独占交渉権
○実態調査の実施
○秘密保持
○有効期限

⑨実態調査（デューデリジェンス）

基本合意契約に基づいて、実態調査を行います。

これは譲受先の事務所が、譲渡側の会計事務所の実態を調査するものです。

会計事務所のM＆Aの場合、事務所の資産となるのは主には職員と顧問先です。この実態調査では、**帳簿やデータから、顧問先が存在しているか、また譲渡の対象とは考えられないほど未回収の売掛金がたまっている顧問先はないか、高齢化や業績不振によって廃業しそうなところはないかなど、事実上引き継ぎが難しいと思われる顧問先がないかの確認**

を行います。

また、譲渡側の職員がM&A後も残ってくれそうか、業務の継続が可能かといった点についても確認を行います。

⑩最終条件の交渉

実態調査を経て、当初の契約条件に問題がないかどうかの確認を行います。**もし、調査によって条件変更が必要になった場合は、再度協議を行って最終的な条件の取りまとめに向けて調整を行います。**

当協会がコンサルタントとして関わる場合、この調整の交渉も譲渡側の所長先生の代わりに行います。

⑪譲渡契約の締結

すべての条件の調整が整い次第、最終的な譲渡契約の締結を行います。

当日は契約書面への調印と、譲渡対価の一時金の授受を同時に行い、晴れて譲渡契約が成立します。

会計事務所のM&Aの場合、譲渡契約の締結から本格的な引き継ぎが始まります。この段階で譲渡資産の引渡日、いわゆる引き継ぎ開始の日に向けて準備を進めます。会計事務所の名称変更のための事務手続きや職員の雇用契約の切り替えなど、かなり細かい手続きが発生するため、一般的には譲渡契約日から1〜2カ月の準備期間を必要とします。

また、譲渡対価は契約時と引継終了後の2回に分けて支払う形をとるケースがほとんどです。それぞれの割合についてはお互いの協議によって決めますが、一時金の割合はだいたい3〜5割程度で、残金を譲渡対価の精算のため留保しておきます。

⑫職員への発表

譲渡資産の引き渡しに向けた準備のなかで、譲渡契約を締結後、もっとも重要なことが職員と顧問先への発表です。第1章でも解説しましたが、職員や顧問先への発表に関しては慎重に行う必要があります。

はじめて所長先生の口から、ある事務所と経営統合するということを職員が聞いた時は、まさに青天の霹靂です。その瞬間にまず「自分はどうなってしまうのだろう?」と必ず不安になります。

間違っても、事務所を譲渡したということをストレートに伝えるのではなく、職員の雇用を守るために行ったことを伝えましょう。そして雇用の待遇についても、業務についても、今までと大きく変わることがないことを強調しましょう。

できれば、その日のうちに譲受側の所長先生にも一人ひとり面談してもらい、その旨を譲受側の所長先生からも直接にお話してもらうとより安心できるでしょう。

⑬顧問先への発表

顧問先への発表についても、職員同様に慎重に行います。

主要な顧問先に対しては、譲渡資産の引渡日の前に、譲受側の所長先生と一緒に訪問し、お話をしていくことが望ましいでしょう。

その際は、やはり今までと大きく変わらないことを強調し、経営統合によって今まで以上のサービスが提供できること、顧問先にもメリットがあることを説明することで安心していただけます。

⑭引継業務開始・譲渡資産の引き渡し

準備期間を経て、新事務所として諸々の準備が整った段階で、いよいよ引継業務が開始となります。2つの事務所が一つとなり、互いの成長と発展に向けてのスタートの日となります。

譲渡側の所長先生は、基本的にはこの日に顧問先や職員、または譲渡資産をすべて引き渡します。この日を譲渡資産の引渡日といいます。

具体的な引継業務としては、新しい所長と一緒に顧問先を訪問して挨拶をしたり、譲受先の事務所から派遣された職員に対して、業務の指導や顧問先への同行などを行います。

一般的には譲受先の事務所と職員や顧問先が馴染むまで、**1年程度の引継期間を設けます。また、期間終了後に引き継ぎの結果を加味して最終的な譲渡対価の見直しを行うこともあります。引継期間中に当初の予定よりも大幅に顧問先が減ってしまった場合などは、**

譲渡対価が減額されることもありえます。

⑮引継業務完了後

引き継ぎの期間が終了した段階で譲渡契約が滞りなく履行となり、所長先生としての役目が終わります。また、それと同時に譲渡対価の残金を譲受先より支払っていただきます。

譲渡対価の見直しを条件としている場合、所長先生が引き継ぎにしっかりとご協力いただける場合は、譲渡対価が大きく下落するようなことはあまりありません。反対に引き継ぎに協力していただけなかったり、引継期間が短くて顧問先への十分なフォローができなかったりすると、顧問先が離れてしまう可能性が非常に高く、譲渡対価が半減してしまうこともあります。

やはり、最低でも1年間は引き継ぎの期間を設けて、ソフトランディングでじっくり引き継いでいくことが求められます。

引き継ぎが終了し、譲渡対価の見直しが終わると、引き継ぎ業務は完了となります。

そのあと、**所長先生が引退されるか、または顧問や相談役などとして残るかなどは、ご本人と新所長先生の意向によって、ケースバイケース**で決めます。

◎譲渡対価の算出方法

M&Aの時、やはり気になるのは譲渡対価でしょう。

自分の事務所がいくらで売れるのか。

これまで自分が築いてきたものが金額で評価されるわけですし、自分の将来設計の資金となるものなのですから、気になるのは当然です。

現在、**もっとも一般的に採用されている算出方法は、毎年安定して見込める報酬の1年分が一つの目安**となります。安定して見込める報酬とは、相続業務などのスポット的な収入を除き、継続して見込める顧問料や決算報酬、また確定申告報酬をいいます。

ただし、この評価方法が事務所を適正に評価しているかと言うと、そうとも言い切れません。

なぜなら、同じ売上を見込める事務所ではあっても、キャッシュフローの側面から見るとその収益力に違いが出てくることがあるのです。

たとえば、年間の顧問報酬が5000万円の事務所が2つあるとします。E事務所は顧問先150社で、職員は8人。一方のF事務所は顧問先が80社で、職員は5人です。どちらの事務所が収益力が高いと言えるでしょうか。

E事務所もF事務所も、顧問報酬は5000万円です。先ほどの年間の顧問報酬を譲渡対価の査定金額とすれば、どちらも同じく5000万円の評価となります。

しかし、キャッシュフローで考えると、F事務所のほうが少人数で、顧問先が少ないにも関わらず、E事務所と同額の顧問報酬を稼いでいることになります。つまり、F事務所のほうが収益性は高いのです。

したがって、本来であればF事務所のほうがもっと評価されてしかるべきということにもなるのです。

当協会では、この辺の内容も事前にしっかりと確認して評価を行います。**豊かな経験のあるコンサルタントに任せることで、事務所の強みや特徴を見出して評価価値を高くする**

ことも可能です。また、事務所内の什器や備品、車両などについては、譲渡対価に包括的に含めるものとして考えます。

POINT
会計事務所M&A支援協会では、顧問先や職員が不安にならないように、M&Aをスムーズに進めることができる。

◎引き継ぐ資産には何があるか

事務所を譲渡する場合、何を譲渡の対象にするかを一言で説明すると、その**事務所にある、経営に必要なものすべて**です。

具体的に引き継ぐ資産としては、主に次のものが挙げられます。

・職員（雇用契約）
・顧問先（顧問契約）

・会計ソフト
・机、イスやパソコンなど什器、備品関係
・車両
・電話機、
・コピー機、プリンター、複合機

これら以外にも、事務所に飾ってある絵画などの美術品や骨董品、書籍など、基本的には所長先生の私物以外のものはそのまま引き継いでもらうことが多いです。

もし、経営のために事業資金を借入されている場合について、**原則として債務は引き継ぎません。**ただし、経営に必要な会計ソフトや複合機などをリース契約している場合については、そのリース契約及び債務は引き継ぎます。

◎事務所の場所について

会計事務所M&Aの成功のポイントとして、変化を与えずに、顧問先や職員を不安にさせないことは説明しました。そこで、事務所の場所も重要なポイントになります。

事務所の場所が変わってしまうことで、職員の通勤に影響が出てたり、顧問先のなかでも資料を事務所に持参してくれる方にとっては、立地条件が変わることに抵抗を示すケースもあります。

余計なストレスや不満を与えないようにするためには、**できるだけ今の事務所の場所を維持することが大切**です。

◎職員の待遇と退職金について

職員の処遇については、**引き継ぎから1～3年程度は、元の事務所の給与水準と最低でも同額以上**にすることがほとんどです。

会計事務所を引き継ぐうえでは職員の協力は必ず必要になります。職員のモチベーションを維持するためにも、新しい事務所に雇用されることが自分にとってプラスになるんだと実感できた方が、引き継ぎにもM&Aにもより協力を得られます。

M&A後に職員がいっそう元気に働いている状況が実現できれば、それが結果として、顧問先にも通じ、M&Aを成功に導きます。

また、**職員への退職金について規定がある場合、引き継ぎを開始する前日までの分については、譲渡側の所長先生の責任として支払っていただきます。**そして、引き継ぎを開始し、譲受側の事務所に再雇用されたあとは、譲受側の規定に準じていきます。

もし、退職金規定がない場合であっても、所長先生の気持ちとして、功労金のような形で支払われることもあります。

POINT

事務所にある経営に必要なものすべてが引き継ぎの対象になる。事務所の場所や給与水準などに配慮し、職員のモチベーションを維持する。

第4章

事例から読み解く成功と失敗のポイント

事例1

引き継ぎなしの承継で、大量に客離れが発生

会計事務所がM&Aを行う際には、譲受先への十分な引継期間が必要になります。この引き継ぎをきちんとしなかったために、結果的にM&Aがうまくいかなかったケースをご紹介しましょう。

◎東京進出のための支店を引き払うことに

地方都市に事務所を構えていたA先生は60代後半のベテラン税理士でした。紹介で得た顧問先が都内にも数件あったので、地元と東京を往復して業務を行っていました。

しかし、A先生は業務のたびに地元と東京を行き来するのは非効率的であると判断。ま

た、業務拡大の意欲もあったため、都内に支店を出すことに決めました。A先生のお嬢さんが税理士資格を取得していたので、東京の支店を任せることにしたのです。

東京での業務拡大に意欲的だったA先生ですが、現実にはなかなかうまくいきませんでした。東京での開業は地方とは比べものにならないほどの競争にさらされます。3年ほど奮闘したものの、思ったほど新規の顧問先を獲得できず、業績は採算ラインがギリギリの状態が続きました。

そうこうしているうちにA先生自身の年齢が70歳を超え、本格的に事業承継を考えなければならなくなりました。A先生は東京の支店を任せていたお嬢さんを地元に呼び戻して事業を承継させ、東京の支店は引き払うことを決断。東京支店の顧問先は、すべて都内の会計事務所へと譲渡することにしたのです。

A先生の事務所から顧問先を譲り受けたのはB会計事務所でした。しかし、残念ながらB会計事務所が譲り受けるのは顧問先だけという条件で、職員の継続雇用はかないませんでした。また、具体的な引き継ぎも行われずじまいで、事務的に顧問先の譲渡が行われたのです。

これに驚いたのは顧問先のお客様です。

ある日突然、「顧問が別の会計事務所に変わる」といった内容の通知が届いたのですから、それも当然かもしれません。

◎引き継ぎがないことで、顧問先は不安に

職員の継続雇用が行われなかったため、顧問の税理士が変わっただけでなく、担当する職員も変わってしまいました。しかも、一方的な通知を送ってきただけで経緯の説明もなく、顧問先にしてみれば分からないことばかりで戸惑うだけでなく、これからどうすればよいのか不安になってしまいました。

顧問先としては、当然ながら新しい担当者に事情を聞こうとするのですが、きちんとした説明はなく、「これからは、当事務所で担当します」とのこと。事情を聞こうと元の担当者に連絡を取ってみても結果は同じで、はっきりとした説明がありません。

Ｂ会計事務所の対応に疑問を感じた顧問先の中には、元の担当者が再就職した会計事務所と新たに顧問契約を結びたいと申し出た顧問先もありました。

ところが、Ａ先生の事務所がＢ会計事務所に顧問先を譲渡した時に、「1年間は担当を変えてはいけない」という約束を交わしていると言われ、契約を結ぶことができませんでした。

これに不満を感じた顧問先の多くがＢ会計事務所との契約を打ち切り、結局は8割方の顧問先が離れてしまう結果となってしまったのです。

◎「顧問先の視点」がなかったことが最大の原因

このケースの問題は、顧問先のことを考えずに引き継ぎを軽視して、行わなかった点にあります。

顧問先を引き継ぐということは、会計事務所の歴史そのものを引き継ぐようなものです。決して書類を右から左に置き換えるような簡単なものではありません。

しかも、職員が継続雇用されないとなると、顧問先の内情やこれまでの関係性といった、担当者が把握している、数字には表れない情報もすべて失われてしまいます。

過去の帳簿は存在していたとしても、それだけで顧問が務まるほど、会計事務所の業務は単純なものではないはずです。

加えて挨拶まわりやきちんとした経緯の説明もなく、いきなり書面で知らされたとなると、顧問先としても不安になるでしょうし、気分を害してしまうのも当然です。

本来、どの会計事務所と顧問契約を結ぶかの判断は、顧問先に委ねられているはずです。A先生の事務所と顧問契約を結んだかもしれませんが、だからといって譲受先の会計事務所と顧問契約を結ぶ必要はなく、選択権は顧問先にあります。

このケースで**多くの顧問先が離れてしまった最大の原因は、そこに「顧問先の視点」がなかったから**と言ってよいでしょう。

引き継ぎがなかったのも、顧問先の不安や心配に配慮することなく、業務効率化にばかり目を向けてしまい、顧問先を商品のように考えていたからではないでしょうか。

また、会計事務所同士が交わした「担当を1年間変えてはいけない」といった約束事も、会計事務所サイドの都合を優先したものです。

だからこそ、「自分たちのことを何も考えていない」と判断した顧問先の多くが、顧問契約を打ち切って離れてしまったのです。

POINT

実務面においても、顧問先の理解を得るためにも、十分な引継期間の確保が重要！

事例2
M&A直前に所長先生が逝去し、資産ゼロに

◎家族が心配しても、M&Aは所長先生自身の決意が必要

M&Aには最適なタイミングというものがあります。次にご紹介するのは、タイミングを逃してしまったためにM&Aの交渉が難しくなってしまい、また引き継ぎもできなくなってしまったケースです。

最初に会計事務所M&A支援協会にM&Aのご相談にいらしたのは所長先生ご本人ではなく、奥様とお嬢様でした。ご主人であるG先生は75歳になり、体力が衰えて体調を崩すこともたびたび。奥様とお嬢様は、今のうちに誰かに事業を引き継いでもらい、G

先生には安心してゆっくりと過ごしてもらいたいと考えていました。

G先生の事務所の状況は職員とパートが1名ずつで、売上規模は2000万円程度、個人経営の会計事務所としてはよくある規模です。ただし、現在は500万円ほどの利益が出ているものの、顧問先が少しでも減れば赤字に転落してしまう可能性があります。

また、開業以来お付き合いのある顧問先が多く、長い歴史を共有してきたことで、引き継ぎには時間が必要であることが推測できます。M&Aを成功させるためには一刻も早く引き継ぎを開始し、顧問先の減少を最小限に食い止めないと、現在の経営状況では譲受先が見つからなくなってしまうことも考えられます。

「一刻も早くG先生とともに相談にいらしてください」とお伝えし、奥様も同意してくださいました。M&Aを成功させるには、何よりもG先生ご本人がその気になり、引き継ぎに協力していただかなければならないからです。

ところが、奥様がG先生に話をしたところ、G先生は「自分はまだ元気だから事務所を手放すことは考えていない」と、相談には見えませんでした。

結局、この時点でM&Aの話は立ち消えになってしまったのです。

◎所長先生の逝去により事業継続が不可能に

半年後、事態は急変しました。G先生の親族の方から「先生が急に入院してしまったので、M&Aの話をすぐにでも進めたい」という連絡が入ったのです。

このようなケースでは、時間との闘いになります。とにかく急ピッチで資料をかき集め、譲受先を探しました。通常は初回の相談から3カ月ほどかかる面談に1カ月でこぎつけるなど、何よりもスピード重視で進めました。

実際には、とにかく顧問先を引き受けてくれる譲受先を探すのが最優先で、具体的な条件提示は二の次になってしまいました。譲受先との面談も、G先生が入院中であることから、親族や職員の方に同席してもらうなど、イレギュラーな形ではありましたが何とか条件交渉を取りまとめる直前までこぎつけたのです。

ところが、ここで再び状況が激変してしまいました。

あと一息で条件がまとまるといった時期に、G先生が亡くなってしまったのです。引き継ぎをしてくれるG先生がいないとなると、顧問先の離反率はかなり高くなります。

少なくとも3割、下手をすれば半数以上が離反してしまう場合もあるのです。

そうなると、通常のM&Aはほぼ不可能になります。顧問先が離れていくということは、これまでの売上が見込めなくなることを意味します。

G先生の会計事務所の場合、もともとの売上規模もそれほど大きくはありませんでしたし、そこからさらに顧問先が減るとなると、赤字に陥ってしまう可能性もあり、譲受側のメリットがなくなってしまいます。

それだけではありません。基本的に有資格者がいなくなってしまったら、税務申告業務はできません。税理士法違反になってしまうからです。

つまり、**G先生が亡くなった段階で、事務所は事業を継続することが不可能になり、そもそも譲渡すべき資産価値もゼロと判断されてしまう**のです。

このような状況になると、譲渡に対して条件「交渉」を行うことは難しく、事務所の職員と顧問先を丸ごと引き受けてもらえるように「お願い」をするしかありません。

結局、一般的な譲渡対価（通常は年間の売上高相当）といった条件では交渉が成立せず、最終的には顧問先をあっせんするという形になり、紹介料として売上の1～2割を受け取るだけの結果となりました。

◎M&Aを成功させるためには時間が必要

もし、最初にG先生の奥様が相談にみえた段階で具体的なM&Aの話ができていれば……と思います。その段階ならG先生も高齢ではあったものの、通常のM&Aとして条件交渉を進めることができました。そうすれば、年間の売上額である2000万円程度が譲渡対価として得られた可能性もあったでしょう。

しかし、そのタイミングを逃し、G先生の体調が急に悪化してM&Aを急がざるを得なかったこと、また条件交渉の前にG先生が亡くなって条件交渉すらできなくなってしまったことで、最終的には売上高の1～2割ほどの金額しか手元に入らなくなってしまったのです。

それだけではありません。顧問先についても十分な引き継ぎができなかったばかりか、職員の雇用を守ることもできませんでした。

Ｍ＆Ａを成功させるためには時間が必要です。所長先生も、そのご家族も、また職員も顧問先も、そして譲受先の会計事務所も、**全員がＷＩＮ‐ＷＩＮになる条件で契約を交わすには、細かい条件のすり合わせや交渉が必要ですし、引き継ぎにも時間をかけなければなりません。**

もう一つ、**小規模な会計事務所の場合は顧問先が数件離れただけで採算ラインが赤字に転落する可能性が高まり、譲受側にとってＭ＆Ａのメリットがなくなってしまうこともあります。**売上規模が３０００万円以下の会計事務所の場合、こういったところも踏まえてＭ＆Ａのタイミングにとくに注意が必要です。

POINT

Ｍ&Ａには時間がかかる。有資格者としての引き際を考え、Ｍ&Ａのタイミングを考える。とくに規模の小さい会計事務所は注意が必要。

事例3

合併型のM&Aで失敗し、結局は分裂

◎3つの会計事務所が合併し、税理士法人化

M&Aには、大きく分けて合併、承継、譲渡という3つのパターンがあることは前にもご説明しました。そのなかで一番注意したいのが合併です。

なぜなら、これまでの私たちの経験上、失敗する確率が一番高いと思われるのが、この合併だからです。

合併で注意したいのは、前述したとおり、代表者をはっきり一人に絞っておく必要があることです。

経営判断を下すべき代表者が複数名いると、それぞれの決定に食い違いが出てくること

がよくあり、事務所の運営に支障をきたしてしまうからです。

ただし、そう単純ではないのが、合併の難しいところです。

そんな典型的なケースをご紹介しましょう。


首都圏で、かなりの勢いで事務所を大きくしている若手のH先生。開業から5年で売上が1億円を超え、それ以降も順調に拡大を続けていました。

そこで、H先生は事務所規模をより大きくするために、スケールメリットを活かそうと、自分と同じように拡大路線を図っている2人の友人の税理士とそれぞれの事務所を合併することにしました。

合併するにあたっては、3つの事務所のなかで一番売上が多い税理士を代表者とし、それ以外の2人は幹部社員となって税理士法人化しました。事務所の場所もその代表者が所属していた事務所に集約し、20人ぐらいの職員は共通で雇用するという形をとりました。

合併当初は、お互いに税務知識や実務のノウハウを吸収し合い、職員も共有することで相乗効果が生まれ、税理士法人として成長を続けました。

事務所の拡大戦略としては、SEO対策やリスティング広告など、インターネットに広告宣伝費をかけ、順調に新しい顧問先を獲得していきました。

◎顧問先の獲得件数の減少と経費負担が限界に

当初は、インターネットを活用して集客を図る会計事務所が少数だったこともあり、投資した金額に見合うだけの新規顧問先が獲得できていました。

しかし、次第にインターネット対策を行う会計事務所が増加していったことで、競合が増え、顧問先の獲得件数は減少していきました。

と同時に、SEOやリスティング広告にかかる経費も今まで以上に高騰してしまい、そのうちに利益が圧迫されるようになっていったのです。

もともと、H先生の税理士法人は低額な顧問料の顧客層を狙って、薄利多売の戦略を取っていました。しかし、新規顧問先の獲得件数が伸び悩んだことで、徐々にビジネスモデルが崩れていきました。

そうなると、もともとは仲良かった友人同士といえど、お互いに細かい経費の使い方にまで目が行くようになってしまい、それぞれの税理士がストレスを感じ始めるようになるのは当然です。

最後には意見がぶつかり合い、結局、ナンバー2だった税理士がもともと自分の事務所で雇用していた職員と顧問先をつれて事務所を離れることになってしまいました。

また、もう一人の幹部社員も、その状況に危機感を感じて、ナンバー2と同様に顧問先を持って離れることになり、結局は代表税理士一人になってしまいました。

そうなると、最後に残った代表税理士も2つの事務所が丸ごと抜けてしまったことで売上が大幅に減ってしまったため、インターネット関連の広告費がますます負担となり、また数で勝負する戦略にも限界がきて、税理士法人の経営自体が難しくなってしまいました。

最終的には税理士法人を維持できなくなり、他の税理士法人への吸収合併を強いられて、代表税理士であった税理士も合併先の一職員にならざるを得なくなってしまったのです。

◎見せ掛けだけの合併は、いずれ分裂する

合併する会計事務所は、それぞれの企業文化や経営手法などが異なります。会計事務所によっては税理士の独自色が強く出る傾向にあり、それを合併で一つにするのは並大抵のことではありません。

とくにそれまで一つの組織の長であった税理士先生が、合併によって序列をつけられることにどれだけ柔軟に対応できるのかといった問題もあります。

H先生のケースでも、3つの会計事務所が合併した時に、表向きは一人を代表者とし、それ以外の2人は幹部社員にするという明確な序列をつけました。しかしその実態は、決して3つの組織が融和したわけではなく、表面的に序列をつけただけで、実際はそれぞれが独立して仕事をする、見せかけだけの組織だったのです。

顧問契約や職務規定、企業理念など、まったく別なものをすべてすり合わせることは、現実的には不可能です。

表面上は代表者を決めていたとしても、H先生のケースのように実際には業務が独立してしまっている場合、必ずと言っていいほど、どこかのタイミングで分裂します。

とくに、対等な合併ほどその危険性が高まります。合併で成功するとしたら、相手先の傘下に入るといった吸収合併のような形でないと難しいでしょう。

いずれにしても、会計事務所のM&Aにおいて、合併型はかなり難易度が高いスタイルであり、お勧めしていないのが現実です。

POINT

合併型のM&Aはハイリスク。表面的ではなく、明確な序列づけが必須。

事例4

所長先生が急病に！ 早い決断が手遅れを回避

◎早めに準備をして、引き継ぎに時間をかける

事例2は、譲渡契約前に所長先生が亡くなり、結果的に不利な条件で契約を結ばなければならなかったケースでした。ここでは早い決断によって、手遅れにならずに済んだ成功例をご紹介します。

I先生は60代後半。体力の衰えを実感し、自らM&Aを決断しました。私どものところに相談にいらした時には「70歳で引退したい」という明確な目標をお持ちでした。

事務所の売上は1億5000万円ほど。職員はパートも含めて20人でベテランも多く、

役割分担も明確で、しっかりと効率よく回っていました。

問題は、I先生以外には有資格者の後継者が職員にも親族にもいないこと。また、職員は真面目によく働いてくれてはいるものの、経営者としてマネジメントを任せられる人材がいないということでした。最終的な決定はすべてI先生が判断しており、I先生がいないと職員も顧問先も不安を感じてしまうというお話でした。

70歳で引退したいというI先生は、70歳までは頑張って、そこからM&Aを始めようと考えていました。しかし、コンサルタントから「M&Aを成功させるのは早めに準備をして、時間をかけて引き継ぎを行ったほうが良い」というアドバイスを受け、さっそくM&Aを進めることにしたのです。I先生が譲渡先の条件として挙げたのは、次の3点でした。

①譲渡先は全国に拠点を展開しているような大手税理士法人
②I先生は支店長として、70歳までは今まで通りに勤務する
③将来的な所長候補を派遣してもらい、自分がいる間にゆっくりと引き継ぎを行う

I先生の事務所は比較的規模も大きく、その地域では名の知られた有力事務所でした。

規模の大きな事務所がM&Aで譲受先を探す場合、小規模の事務所は資金面において譲渡対価の準備が難しくなります。

今回はI先生の希望が「全国展開しているような、大手の税理士法人」だったので、譲受先にもそれなりの規模が求められ、おのずと選択肢が絞られました。

しかしI先生の事務所の経営状況は順調だったため、譲受先の選定もそれほど苦労することはなく、I先生側で相手を選べるほど好条件で、希望どおりの全国規模で業務を行っている税理士法人と交渉を進めることができました。

◎所長先生が急病に倒れても、引き継ぎが順調ならOK

トントン拍子で譲渡契約まで進み、さっそく引き継ぎを行うことになりました。

もちろん、双方の会計事務所が納得した条件で契約を交わしており、職員や顧問先にもしっかりと説明を行っていたため、引き継ぎも順調でした。

ところが、引継開始から半年が経過した段階で、思いもかけない事態が起こりました。I先生が急な病に倒れ、業務に就くことが難しくなってしまったのです。

本来であれば、このような事態であれば、顧問先や職員とI先生との関係性が途切れてしまい、職員や顧問先が離反することも覚悟しなければいけません。

しかし、幸いなことにすでに万全の準備が整い、引き継ぎも順調に進んでいたため、I先生が不在になっても業務に大きな混乱は起こりませんでした。

顧問先も「以前はI先生がいなければ不安だったけれど、I先生が選んだ大手の税理士法人がサポートしてくれるので、今は安心しているよ」と評価してくれるところも多く、スムーズに引き継ぐことができました。

実際、M&Aの決断が少しでも遅れていたら、事例2と同じ結果になりかねませんでした。「あの時決断していなかったら大変なことになるところでした」と、I先生には大変感謝されました。

高齢になれば、どうしても体力は衰えますし、病気になる可能性も高まります。何かあってから、「あの時決断しておけば……」と後悔しても遅いのです。

決断のタイミングは早ければ早いほどよく、後回しにしてよくなることはありません。その時を逃さないことが、M&Aを成功させる最大の秘訣です。

POINT

決断のタイミングは早いほうがよい。時間に余裕をもって計画を立てよう。

事例5
別事業に専念するために税務業務を譲渡

◎自分の得意分野に特化したいとM&Aを選択

会計事務所のM&Aというと、高齢になった所長先生が引退をする時に考えるものと思われがちですが、なかには比較的若手の所長先生でもM&Aを行うケースがあります。

たとえば、次に挙げるのは所長先生が自分のやりたいことに専念するために、税務業務を譲渡したケースです。

J先生の年齢は45歳。本来なら、まだまだ引退を考えるような年齢ではありません。

しかしJ先生が事務所のM&Aを決めたのには理由がありました。

J先生が経営する会計事務所の規模は職員が5名、売上は5000万円ほど。もとはJ先生自身が職員として勤めていた事務所でした。

在職中に税理士資格を取得し、先代の所長先生からの信頼も厚く、事務所のナンバー2として10年ほど勤務していましたが、数年前に先代の所長先生が亡くなったために、J先生がそのまま事務所を引き継ぎました。

その他の職員たちも先代の所長先生から、そのお考えは聞かされていたため、事務所を経営していくことに何も問題はなく、先代の所長先生の頃と同様に業務を続けていましたが、J先生は内心思うところがありました。

というのも、J先生が得意としていたのは相続業務で、実際に事務所の売上の3割近くを相続関係の申告や対策が占めていました。また、相続に関連して不動産関係の業務にも携わっており、自分でも収益不動産を購入したり、競売などにも興味を持っていました。

そして税理士業界の将来性も踏まえ、J先生は自分の得意な分野である相続や不動産事業に特化したいと考えるようになったのです。

しかし、そうはいっても現在顧問契約を結んでいる顧問先を放り出すわけにもいきません。どうすればよいかと考えた時、選んだのがM&Aという方法でした。

◎譲受先の社員税理士として支店に在籍することに

J先生の希望は、事務所を譲渡して業務から完全に離れ、得意分野に特化することでした。譲受先として決まったのは、開業して15年のK会計事務所。堅実に業務を拡大し、売上も1億円を超える事務所でした。

K会計事務所はJ先生の事務所と同じ地域にありましたが、話し合いの結果、顧問先や職員の利便性を考慮して事務所の場所は統合せずに、支店という形で残すことで合意しました。

しかし、ここで一つ問題が発生しました。それはK会計事務所の職員に、社員税理士を務められる有資格者がいないという点でした。

そこで話し合いのうえ、J先生が社員税理士として支店に在籍してもらうことで解決を図りました。

Ｊ先生が社員税理士として在籍し続けることで、対外的には合併のように見えますが、実際には引き継ぎのサポート以外で実務にかかわることはなく、顧問のような形での在籍となりました。

その一方、Ｊ先生は別の一般法人を設立し、本格的に相続や不動産関連の事業に専念するようになりました。

この一般法人はＫ会計事務所のグループ会社のような形態をとり、相続税申告や個人の確定申告などの税務申告を請け負う場合には、競業の問題を避けるためにＫ会計事務所に業務を依頼することでクリアしました。

また、Ｊ先生からの依頼でＫ会計事務所の売上になったものについては、「Ｊ先生の貢献売上として役員報酬などで○％還元する」といった約定を交わし、将来的に問題となりそうな部分を排除するようにしました。

◎顧問先に安心感を与え、職員の雇用も継続

このケースの特徴は、J先生が一般法人を設立し、K会計事務所のグループ会社としたことで、一般企業の会社分割のようなスタイルをとったことです。

M&Aを上手く活用して税務申告業務を切り分け、J先生自身は自分の得意分野に特化した業務に専念することができるようになりました。

しかも、J先生の業務に付随して発生する税務申告業務をK会計事務所に依頼することで、お互いにWIN‐WINの関係を築くことが可能になります。

それだけでなく、J先生が社員税理士として籍を置き続けることで、**顧問先に安心してもらえたこと、職員の雇用が継続できたことなど、多くのメリットがこのM&Aによってもたらされました。**

J先生のケースは、ご自身の得意分野に特化したいという希望がM&Aを考えるきっかけになりましたが、それ以外にも、たとえば早期にリタイアして趣味に時間を割きたい、

海外移住を目指したい……といった希望を叶えるためにM&Aを有効活用する手もあります。

一度事業を起こすと、事業を継続させるために、本来自分のやりたかったことにチャレンジしにくくなってしまうことがあります。

そんな時、**M&Aによって、事業を継続して職員の雇用を守り、顧問先にも迷惑をかけないように配慮しながら、所長先生が本来やりたかったことにチャレンジが可能になる**のです。

POINT

M&Aで譲渡先とWIN-WINの関係を築けば、自分のやりたいことにチャレンジできる。

事例6

後継者候補の入院で、引退の予定を軌道修正

◎引退を前に思わぬトラブルが発生

「自分の事務所は後継者が決まっているから大丈夫」

事務所内で信頼できるナンバー2の後継者候補が育っているか、親族のなかに税理士資格を取得して後継者になってくれる人が決まっているのなら、所長先生としては事業承継について頭を悩ますことはないでしょう。

しかし、そんな先生方にもM&Aという事業承継の方法があることだけは知っておいてほしい、そう思わざるを得ないケースをご紹介します。

Ｌ先生が経営する会計事務所は、開業から40年を超える老舗の会計事務所として地元でも有名でした。最盛期には売上が1億円を超えることもありましたが、現在は当時より少し売上が下がってきているといった状況でした。

それでも8名の職員を抱え、８０００万円前後の売上をキープし続けており、業務もきちんと回っていて取り立てて問題があるわけではありませんでした。

何よりも、職員のなかには統率力もあり、他の職員からも信頼されているナンバー2の税理士がいることが、Ｌ先生にとって心強いものとなっていました。Ｌ先生は彼を後継者として考えており、本人にも了解が取れていましたし、職員全員が「ナンバー2が継いでくれるもの」として事業承継に関しては安心していたのです。

ところが、そんな計画が脆くも崩れ去るような出来事が勃発してしまいました。

後継者と目されていたナンバー2の税理士が若くして大病を患い、闘病生活を余儀なくされてしまったのです。しかも入院が長引き、承継どころか通常の業務に従事することすら難しくなってしまいました。後継者問題に関しては盤石だったはずの事務所が、一転して苦境に立たされてしまいました。

この時点で、Ｌ先生の年齢は70代後半。あと1～2年のうちには引退したいと少しずつ実務を移管していた最中で、Ｌ先生もご自身の体力の衰えを感じ始めていた時期でした。

これからどうするかと考えたＬ先生。自分がもう一度、先頭に立って経営者として事務所を盛り立てていくことも考えましたが、いかんせん体力が持ちませんし、気力が続くとも思えません。

そんな事務所の状態を知って不安に思った数件の顧問先が離れてしまうといった状況に、Ｌ先生は危機感を覚えました。

「今なら数件で済んでいるが、時が経てば離れていく顧問先はもっと増えるだろう」と考えたＬ先生。また、職員も口には出さないものの、不安に思っていることが感じ取れました。

とにかく急いで対策を講じないと、事務所がバラバラになってしまう……と考えて、Ｍ＆Ａのコンサルタントに相談することに決めたのです。

◎M&A専門のコンサルタントを上手に活用

M&Aを決断したL先生の行動は素早く、1カ月以内に譲受先を紹介してほしいという依頼がありました。コンサルタントとしても、早く決めたほうが良いと判断し、すぐに譲受先の会計事務所の選定に入りました。

この時、L先生が譲受先として出した条件は、次の3点でした。

①職員の雇用を守り、顧問先に安心してもらえるような、全国でもトップクラスの事務所であること

②自分は将来的に引退するつもりなので、新しい所長を派遣できること

③営業力があり、地方都市であっても成長し続けられる事務所であること

なかでもL先生が一番重視していたのは、①の職員の雇用に関して。職員の雇用と待遇面の維持をとにかく守って欲しいという希望でした。

さっそくコンサルタントが3つの事務所をピックアップし、L先生自身がその中から

2つの事務所を選んで面談へと進みました。面談はL先生が判断しやすいように、同じ日に設定。面談時にはそれぞれの事務所の経営方針や、顧問先や職員への対応についてなど、細かい点についても熱心に質問されました。

面談後、L先生は迷うことなく一つの会計事務所とM＆Aを行うことを即決。決め手は譲受側の所長先生の人柄が気に入ったこと、そしてL先生に対しても「L先生の気が済むまで現役でいてください」という言葉に心を打たれたとのことでした。L先生は、その先生を大変惚れ込まれて、職員の継続雇用と待遇面の維持さえ守ってもらえれば、それ以外についてはコンサルタントと譲受側の所長先生に任せるとまで言われたほどでした。

そこまで信頼できる相手が見つかると、あとの条件交渉などもまったく問題はなく、その後はスムーズに契約まで進み、L先生の事務所は再び活気を取り戻しました。後継者が突然不在になったことによる不安から事務所の雰囲気も暗くなりがちでしたが、その問題が解消されたことで、職員も顧問先も安心できたのでしょう。

とくに職員には譲受先の所長先生との面談の機会を設け、不安の払しょくにも努めました。Ｌ先生が全幅の信頼を寄せている相手だけに、職員や顧問先への説得力も増しました。

Ｌ先生はＭ＆Ａをきっかけに気力を取り戻し、80歳を過ぎても特別顧問として毎日勤務を続け、引き継ぎも順調に進みました。最終的には、Ｍ＆Ａを行った5年後に無事に引退することができました。

◎もしもの時に備えてＭ＆Ａについて知っておく

後継者と思っていた職員が、突然いなくなってしまう。これはどんな事務所にも起こり得ることです。病気や事故で業務が継続できなくなることもあるでしょうし、突然仕事を辞めてしまうことがあるかもしれません。

そんな時、所長先生が気落ちしていると、職員や顧問先も不安になってしまいます。とくに盤石だと思っていたものが崩れた時ほど、影響は大きいものです。そんな時には、ぜひＭ＆Ａという手法があることを思い出してほしいのです。

今回ご紹介したケースでも、もしＬ先生がＭ＆Ａを知らなかったら、気落ちしたまま無為に時間が経過し、職員や顧問先が離れてしまい、取り返しのつかないことになっていたかもしれません。

突然の不幸ではあったものの、L先生の迅速な判断で専門のコンサルタントに相談をし、速やかに対応が取れたためにリカバリーが可能になりました。L先生としても事務所の将来の道筋をつけられたことで、安心してリタイアするまで仕事に専念できました。

万が一の時にも、事務所の職員や顧問先を離散させることなく、継続して事務所を運営し続けることができる。M&Aはそのための手段でもあります。

POINT

想定外の事態で後継者が急にいなくなっても、M&Aならリカバリーすることができる。

事例7

経営権を譲渡し、勤務税理士として再スタート

◎地方都市での経営の先行きに不安が

会計事務所を経営していると、税理士業務に加えて経営というマネジメントの問題にも向き合わなければなりません。これは税理士としての実力とは異なる視点が求められ、しかも事務所が存続する限り続いていきます。このマネジメントに悩み、M&Aを決めた所長先生のケースをご紹介しましょう。

地方都市で会計事務所を営んでいるM先生は50代後半で、まだまだ引退を考えるには早過ぎる世代です。事務所の職員は3名で、皆真面目に仕事をしてくれてはいましたが経

営にはノータッチで、M先生がすべてのマネジメントを行っていました。

顧問先からの紹介や新規の相談などもあり、開業から少しずつ顧問先を増やしてきたのですが、ここ数年は顧問先の廃業が相次ぎ、じわじわと売上が下がり始めていました。

M先生もこの状況に危機感を覚え、顧問先獲得のために営業力強化の対策を立てようと、営業セミナーに参加してみたり、経営コンサルタントにアドバイスを受けたりしていました。

売上低下の原因の一つは事務所の立地にありました。地方都市の郊外に位置しており、地元には勢いのある産業も乏しい状態。人口や企業の減少が問題になっている地域だったのです。それに加えて、現在の顧問先のなかにも事業承継が必要な会社がいくつかあり、そのほとんどが後継者問題に目途が立っていない状態でした。

下手をしたら数年以内に廃業になる可能性の高い顧問先も多く、M先生にしてみれば新規顧客獲得どころか現状維持も難しい状態だったのです。

◎追い詰められた状態でM&Aの相談に

そんな現状を見るにつけ、M先生のなかで、「こんな地域の現状では、新規顧問先獲得のためにお金を費やしたとしても、無駄になってしまうのではないか」といった思いが膨れ上がり、次第に経営に対する熱意が失われていってしまったのです。

そうする間にも売上はどんどん落ちていきます。あと2～3年もすれば、さらに売上が減ってしまうのは火を見るよりも明らかです。「いったいどうすればよいのか……」と、M先生は不安に駆られていました。

じつは、M先生が抱えていたのは経営の問題だけではありませんでした。ご家族が病気になって介護が必要になるなど、家庭内にも課題が山積していました。

M先生は仕事の不安と家庭内の心労が重なり、負のスパイラルに陥ってしまっているようで、精神的にも追い詰められた状況で相談にいらっしゃいました。

◎安定収入を得るための方法をコンサルタントと模索

コンサルタントがM先生の希望をうかがうと、「事務所をすべて譲渡して、仕事の悩みから解放されたい」「自社ビルの不動産収入で食べていければよい」とのお考えでした。

しかし、コンサルタントは事務所をすべて譲渡してしまうことは問題があると判断しました。なぜなら、M先生の地元は人口減少が問題になる地域です。事務所からの収入がなくなり不動産収入だけに頼るとなると、もし自社ビルのテナントが退去してしまったら生活そのものが成り立たなくなってしまうからです。

M先生の所有する自社ビルの立地も利便性がいいとは言い難い物件であり、将来にわたって安定した収入を得るには問題があると考えたのです。

どうすることがM先生にとって最善策になるのか、先生の希望をうかがいながら模索していきました。そして次のような提案を行いました。

①経営権を譲渡する

②M先生は譲受先の事務所に勤務税理士として勤務する

この条件であれば、M先生には勤務税理士として給与が支払われるため、安定した収入を得ることができますし、経営権を譲渡することでマネジメントに関する悩みからも解放されます。

M先生にも納得してもらい、さっそく譲受先を探すことになりました。譲受先の候補として見つかったのは、M先生と同じ地元のN先生が経営する会計事務所でした。

◎M&Aの活用により事業経営の悩みを解決

Ｎ先生の事務所は、地元でもトップクラスの規模を誇り、地域密着型の経営方針をとっていました。そして事業拡大の一環として、Ｍ先生の会計事務所とのＭ＆Ａを快く受け入れてくれたのです。もちろん、Ｍ先生を勤務税理士として雇用する件についても、「どんな形であれ所長先生が残ってくれるのはありがたい。いつまでも働いて欲しい」と快諾してくれました。さらに、Ｎ先生の事務所とさほど離れていなかったにも関わらず、事務所の場所も統合せずに、Ｍ先生の事務所をそのまま残すことにも同意。Ｍ先生に対して事務所の賃料を支払うという契約も交わしました。

Ｍ＆ＡによってＭ先生は事務所の経営という悩みから解放され、譲渡対価とは別に給与所得という安定収入を手に入れることができました。家庭の問題ばかりはすぐに解決とはいきませんでしたが、不安の種の一つが解決したことで仕事も介護も落ち着いてできるようになったのです。

Ｍ先生が最初に相談にいらしてから、実際にＭ＆Ａを実施するまでには長い時間がかかりました。その間、Ｍ先生はずっと悩みを抱え続けていました。

しかし、Ｍ＆Ａによって経営権を譲渡してからは「あんなに長い時間悩んでもさっぱり出口が見つからなかったのに、Ｍ＆Ａでマネジメントから解放されたおかげで将来的にも展望が見えてきました」と明るい表情で話してくださいました。

一人で悩んでいても解決の糸口が見つからず、堂々巡りになってしまうことはよくあります。とくに経営者の方々は、事業に関する悩みを一人きりで抱え込んでしまいがちです。そんな時、専門のコンサルタントに相談していただければ、新たな切り口からの提案ができるかもしれません。マネジメントに悩みを抱えていらっしゃるのであれば、ぜひＭ＆Ａの活用を考えてみてください。

POINT

マネジメントに悩みを抱えている場合は、経営権を譲渡して実務に集中する方法もある。

事例8

大口の顧問先が引継後に抜けてしまう場合も

◎大口の顧問先がある場合は注意が必要

コンサルタントを介在させず、知り合いの税理士同士で、条件を詰めたりせずにあいまいなままM＆Aを行うケースでは、あとになって相手の顧問先の内容や事務所の事情が分かったりすることもあります。

私たちコンサルタントがM＆Aを希望する会計事務所の評価を算定する時には、当然として事前に顧問先の詳細を確認します。その際、顧問先の中に顧問料が事務所の売上の大半を占めるような大口顧問先がある場合はとくに注意が必要になります。

たとえば、M&Aのご相談をいただいたO会計事務所の売上は3000万円ほどでしたが、コンサルタントが顧問先の内訳を見てみると、あるグループ企業の顧問料が売上の4割ものシェアを占めていることが分かりました。

もし、このグループ企業との顧問契約が解消されてしまったら、O会計事務所の売上は一気に半減してしまい、引き受けた譲受先としては業務が回らなくなってしまう危険性があります。

◎トラブルを未然に防ぐための事前調査が重要なカギ

実際にM&Aを行い、引き継ぎの最中に大口の顧問先が抜けてしまったというケースがあります。

顧問契約が解消される理由には、M&Aを行った会計事務所側の引き継ぎの失敗だけでなく、顧問先の状況による場合もあります。顧問先が上場を考えている場合などはM&Aを契機に公認会計士に乗り換える予定があるかもしれません。

そういった点を事前調査で確認しておかないと、譲受先から最悪の場合はあとになって譲渡対価を下げてほしいという要望が出たり、当初予定していた売上の目途が立たないので支払ができない、職員の雇用が守られないといった事態など、大きなトラブルにつながる可能性が高まるのです。

こうしたトラブルを未然に防ぐために、コンサルタントとしては事前調査はもちろんのこと、万が一の事態を予測して、条件を詰めていくことにしています。

◎譲渡対価の支払方法でリスクヘッジする

ある会計事務所で実際に行った方法ですが、売上の大半を占める主要な顧問先がある場合、譲渡対価の支払方法で調整した例もあります。

まず**主要な顧問先の顧問料分の金額を譲渡対価から除いて一時金として支払い、差し引いた分は留保金としておきます。そして無事にM&Aが終了し、主要な顧問先とも顧問契約を継続できる見込みがついた時に、改めて留保金を支払うといった手順です。**

先ほどのO事務所の例で言えば、主要な顧問先であるグループ企業の顧問料の1200万円を留保金とし、3000万円の売上から差し引いた1800万円が当初の譲渡対価の一時金として支払われます。

そして、1年後に無事にグループ企業と顧問契約を締結した段階で、留保金としていた1200万円を改めて支払うといった具合です。

一般に譲渡対価は売上の1年分というのが目安ですが、あとのトラブルになりそうな要素を事前に予測し回避するために、万一の場合に備えて支払条件に一定の基準を設けることもあります。

POINT

大口の顧問先がある場合は要注意。譲渡対価の支払方法で調整することもある。

事例9
職員が顧問先を引き抜いて辞めるのを防ぐには

◎一般企業の営業経験で業績を伸ばした職員

「職員が、自分の担当している顧問先をもって事務所を辞めてしまった」というのは、会計事務所業界ではよく聞く話です。

事前に相談があればまだしも、黙って顧問先を引き抜いて辞めてしまうケースも多く、マンパワーが減るばかりか、売上が一気に減少してしまう可能性があります。

もちろん、どこの会計事務所に依頼するかは顧問先が決めることですが、所長先生としては頭の痛い問題といえるでしょう。

これまで挙げてきたM＆Aの事例とは状況が若干異なりますが、コンサルタントが実際に相談を受けたケースをご紹介します。

Ｐ先生が経営する会計事務所に、30代の職員Ｑさんがいました。Ｑさんは有資格者ではなかったものの前職は営業会社出身で人当たりもよく、話も上手だったことから顧問先に気に入られることが多く、新しい顧問先の紹介を受けることがたびたびありました。

Ｑさんは前職の営業経験を活かしダイレクトメールをつくったり、巡回監査の空いた時間に飛び込み営業をするなど、独自に工夫して新規の顧問先を増やしていきました。

本人にしてみれば特別なことをしている感覚はなく、前職で経験した一般企業の営業担当者が当たり前にやっていることを実行していたという感覚だったようですが、面白いように顧問先が増えたため、やりがいを感じていました。

当時の会計事務所業界では、Ｑさんのような営業スタイルは珍しかったこともあり、1年間で新規の顧問先を40件、売上にして１８００万円ほどを獲得することができました。

Ｑさんの営業手腕に感嘆したＰ先生は、特別ボーナスを手厚く支給することでＱさんの貢献に報いていました。

職員のQさんもP先生の気持ちをありがたく受け取っていたのですが、彼の心中で「もっといろいろな営業手法にチャレンジして、自分の力を試してみたい」という思いが芽生え始めました。

◎顧問先と窓口の職員とのつながり

そのうちQさんは別の会計事務所に転職する決心を固めたのです。

当初、Qさんは自分の担当する顧問先をP先生の事務所から引き抜くつもりはなく、顧問先にも迷惑をかけないようにと、P先生と一緒に退職の挨拶と引き継ぎのために顧問先を回りました。ところが顧問先の9割がQさんに付いて行きたいという意向を示したのです。

顧問先と窓口の職員とのつながりが密接になると、顧問先のなかには税理士先生より職員の方にお願いしているという心理が生じやすくなります。業務がシステム化されていると、顧問先も日常のやり取りは職員とすることが多くなり、税理士の先生の印象が薄くなってしまうからです。

とくに所長先生が現場から離れているケースは要注意で、顧問先の状況を理解しておかないと危険です。

職員の側としても「自分のお客様」という意識が強くなり、有資格者の場合は自分の顧問先を引き抜いて独立してしまうケースが多発します。

◎顧問料の一定分を譲渡対価として支払うことに

このケースでは、Qさんが有資格者ではなく、また独立ではなく転職であり、Qさん本人に顧問先を引き抜く意思もなかったのですが、結果的に顧問先がQさんについていくことを選んだ点で、P先生にすれば売上が一気に減ってしまうことになりました。

P先生とQさんの双方から「どうすればよいか」と相談を受け、話し合いをした結果、このケースではQさんに付いて行く顧問先の顧問料の1年分を、QさんがP先生に譲渡対価として支払うという形で決着しました。

ただし、Qさんには一括でまとめて支払える資力がなかったため、転職先の事務所にも協力を得て、一時的に立て替えてもらいました。

◎顧問先の引き抜きを抑止するための方策を講じておく

会計業界では、現実に無断で顧問先を引き抜かれる例は数多く存在します。職員の採用時に誓約書をとる事務所もありますが、会計事務所を選ぶ権利は顧問先にあるため、実際には泣き寝入りになるケースも多く、ほとんど抑止効果はありません。

そこで発想を転換し、大事なお客様を**黙って持って行かれるぐらいなら、顧問先を譲渡し、金銭で補償してもらう策を講じておくほうが、効果が期待できる**のではないでしょうか。

Qさんのケースでは、譲渡対価はMさんが再就職する会計事務所から支払われることになりましたが、個人で用意するにはかなり大きな金額になるため、独立開業を目指す職員にとって引き抜きは困難になります。そういった面でも、抑止効果があるのではないかと思われます。

POINT

職員を雇用する際、事前に譲渡金額を定めておき、顧問先の引き抜きを抑止する手もある。

第5章

会計事務所M&A支援協会の役割

予測できるトラブル、できないトラブルに備える

M&Aをスムーズに進めるための第一歩

◎会計事務所M&A支援協会では

会計事務所M&A支援協会は、1999年からスタートし、15年以上にわたって会計事務所専門のM&Aコンサルタントとして、これまで数多くの事業承継問題に携わってきました。

ハッピーリタイヤメントを実現した所長先生から、手遅れになってしまった所長先生など、M&Aの進め方や手順を間違うと180度結果が変わってしまうことが多々あります。

それでは、どうすればM&Aを思いどおりに実現できるのか。

それは、客観的な視点を持つということです。

ここからは、会計事務所M&Aを、よりスムーズに進めるための、コンサルタントの活用法についてお話していきます。

◎第三者の視点を入れてトラブルを防ぐ

M&Aのトラブルを防ぐためには、契約にあいまいな部分を残さないのが一番です。問題の火種になりそうな部分は、事前に「〜〜の場合は○○によって解決する」など、誰がどのように解決するか、具体的に対処方法を定めておくとよいでしょう。口約束などあとから検証できない方法で決めるのはご法度で、具体的な解決策を提示すること、あとから検証可能な書面によって契約を交わすこと、この2つが欠かせません。

事前に予測できるトラブルは、これである程度回避できるのですが、当事者でも予測できない問題点がトラブルに発展することがあります。

そもそも、M&Aはとても大変なことです。事務手続きだけでも、膨大な量になりますし、とくに会計事務所が抱える顧客情報は機密や個人情報も多く、厳重な取り扱いが求められますから最大限の注意が必要です。それに譲渡契約を交わしてもすぐにM&Aが完了するのではなく、そこから長い引き継ぎが待っています。

その間にどんなトラブルが起きるのか。何がトラブルの原因となるのか。すべてを予測するのは、ほぼ不可能といってよいでしょう。それに自分にマイナスになることは、誰もがなかなか表には出したがりません。それが後々、トラブルの原因になることも多いのです。

そこでお勧めしたいのが、第三者を仲介に立てるという方法です。**当事者間ではなかなか見えてこない問題点を、第三者に客観的な視点で指摘してもらえれば、かなりの数のトラブルは未然に防げる**でしょう。

それに面と向かって相手には相談しにくいことも、コンサルタントなどの第三者を間に入れれば、代わりに確認してもらうことができます。個人間なら遠慮が先に立ってしまうことも、ビジネスとなれば臆する必要はありません。

仕事としてM&Aを手掛けているコンサルタントであれば、事務手続きにも精通していますから、段取りよく「やらなければいけないこと」を着々と進めてくれるでしょう。顧問先への案内から職員の再雇用契約などの重要事項から、新しい事務所の看板や名刺の手配などのこまごましたことまで、やらなければいけないことは山積しています。

「何から準備を始めればいいのか、分からない」とおっしゃる方は、ぜひ、コンサルタントなどの第三者を仲介に立てて、スムーズにＭ＆Ａを進める環境を整えましょう。

POINT

第三者を仲介に立てることでM&Aがスムーズに進められる。

◎情報量の多さがカギ

「コンサルタントも必要かもしれないけれど、そもそもＭ＆Ａの相手をどうやって見つければいいのか分からない」

お知り合いやご親族のなかで、事業承継ができる方が見つかればよいのですが、そう簡単にはいかないものです。

地元の税理士会などに相談しても会員の先生に限定されてしまうため、「なかなか希望どおりの相手先が見つからない」「顔見知りの先生には相談したくない」などとおっしゃる方も多く、私どもコンサルタントの元にも、「誰かよい相手はいないか」と具体的にM&Aを念頭に置いたご相談が寄せられています。

また一方で、当協会は成長戦略に関するコンサルティング、いわば事業拡大のためのマーケティング支援を行っているため、成長に意欲的な事務所とのネットワークは充実しています。

そのような拡大志向のある会計事務所が、成長戦略の一つとして積極的にM&Aを考え始めています。ここ数年の間で売り手と買い手、双方の需給が増えてきているのです。

ただ、問題は双方の情報から、独自で自分の事務所に合った相手先を探し出すことは難しい点にあります。

そんな時は、M&Aを専門とするコンサルタントに紹介を依頼するのも一つの方法です。

全国にネットワークを持っているような専門の会社であれば、より多くの情報やノウハウを持っているので、数ある選択肢の中から最適な相手先を探し出してくれるはずです。

ただ、注意したい点があります。それは**一般企業のM&Aと、会計事務所のM&Aには大きな違いがある**ということです。

これは今までに何度も述べてきたように、会計事務所のM&Aは譲渡対価が高ければよいというわけではなく、また譲渡契約を交わしたらM&Aが終わるわけでもないからです。

一般企業のM&Aにおいても、いわゆる「売り手」と「買い手」の相性が重視されるはずですが、会計事務所の場合においては一般企業以上に、経営方針や業務に対する考え方、そしてとくに譲受先と職員や顧問先との相性が重視されます。

会計事務所の場合、顧問先とモノを媒介した取引があるわけではありません。その分、所長先生との人間関係でつながりが保たれているケースが多く、この部分を軽視して、マッチングを行うと、M&Aが失敗してしまう可能性が高いのです。

なかには、手数料収入を目的に、相性などは二の次で紹介をするような仲介会社があるという話も耳にしますし、「お金は出すから細かいことは言わないで」といったような、いわゆる吸収合併的な考えの事務所を提示されることもあるそうです。

ほかにも、仲介会社の都合で、あまり厳しい条件を付けない事務所を優先的に紹介する、また1社しか紹介してくれないなど、当事者の事情よりも仲介会社の事情を優先させたようなケースも見受けられます。

もちろん、きちんとした対応をしてくれるコンサルタントもいますし、紹介された相手がベストマッチの可能性もありますから一概には言えませんが、選択肢は多いに越したことはありません。1社だけを紹介するよりも、2社、3社と複数の選択肢を提示してくれるかどうかも、仲介会社を選ぶ時には確認しましょう。

一般企業のM&A実績件数だけでなく、**会計事務所のM&Aについてどれぐらいの件数を仲介してきたのか。譲受先としての会計事務所の情報を、どれぐらい持っているのかなどを確認し、会計事務所のM&Aに対する実績を把握したうえで仲介をお願いすると**よいでしょう。

POINT
コンサルタント選びは会計事務所のM&Aについての実績が重要。

M&Aを失敗しないためのポイント

正しいコンサルタントの選び方

◎よいコンサルタントとは

では、具体的にどのようなコンサルタントを選べば、M&Aを成功させることができるのでしょうか。

いくつか、そのポイントを挙げて説明しましょう。

①会計事務所業界にネットワークを持っているか

会計事務所のM&Aの場合、まずはコンサルタントが会計事務所業界に強いネットワークを持ち、豊富な譲受先の情報を持っているかどうかが第一関門となります。

譲受先の情報を数多く持っていることは、選択肢が多いということでもあります。

たとえば、会計事務所M&Aにおいて、税理士会に相談した場合は、基本的には同じ地域内の会員の会計事務所を紹介されるケースがほとんどです。

しかし、このように狭い範囲の情報しか得られないと、譲受先の規模や所長先生の年齢や条件も限られてしまいます。選択肢が少ないと適切なマッチングができず、思い通りにいかない結果となってしまいます。

そのため、仲介を頼むコンサルタントがどれぐらいの情報を持っているかが問題になるのです。

会計事務所業界に幅広いネットワークを持ち、全国の会計事務所の情報が集まっていれば、地域に限定されることなく希望の条件に合った譲渡側の会計事務所を提案してくれるはずです。

同一地域内の会計事務所同士のM&Aが、必ずしもベストマッチングとは限りません。

首都圏から地方へ進出を考えている会計事務所もあれば、反対に地方から首都圏への進出を考えている会計事務所もあります。

譲渡側と譲受側、双方の情報を集約し、数ある候補のなかから、**譲渡対価などの表面的な条件はもとより、今の会計事務所の仕組みや経営方針、職員の方々との相性など、多くの考慮すべき条件を満たす会計事務所**を見つけてくれる、そんなコンサルタントと出会えれば、M&Aは成功への第一歩を踏み出したと言えるでしょう。

②会計事務所の業界に精通しているか?

これまでも繰り返して説明してきましたが、会計事務所という業界は、一般企業に比べて非常に属人性が強い業界です。所長先生と顧問先、人と人との付き合いが根底にあるビジネスといっても過言ではありません。

その特殊性を熟知していないと、M&Aを希望する会計事務所の本当のニーズをつかむことができません。

とくに、譲渡側から相談を受ける時点では、所長先生が事務所の将来像をどのように考えているのか、現状ではどのような問題があるのかといったことについて、漠然とした不安感だけという場合が多いものです。

そんな漠然とした話から、所長先生の悩みの本質はどこにあるのかを分析し、**問題の解決策を提案するには、会計事務所業界ならではの特殊性や業界の流れを熟知していなければなりません。会計事務所の内情を知らなければ、最適な提案などできない**からです。

具体的なM&Aのスケジュールについても、長期の引き継ぎを要するなど、会計事務所のM&Aは特殊です。その点についても理解し、的確なアドバイスをするには、業界に関する知識と実績が不可欠です。

③譲渡側の立場に立ってくれるか?

これまで会計事務所のM&Aがタブー視されてきた要因の一つに、「M&Aをすると買い叩かれるのではないか」とか、「吸収合併されて自分や職員は追いやられてしまうのではないか」といった不安がありました。

実際にはM&Aといってもさまざまな方法があります。譲渡側の所長先生が事務所に在籍し続けることは可能ですし、M&Aによってまとまった収入を得ることも可能です。

しかし、これまで自分が築き上げてきた事務所を譲渡するにあたり、不安に思うのは無理もありません。そんな時、コンサルタントが譲渡側の立場に立ってくれるか否かは大きな違いです。


とくにM&Aの場合、お金を出す側が強気に出て、譲渡側はなかなかものを言いにくいという心情になりがちです。本来は売買について対等な立場なはずなのですが、譲渡側がM&Aに関して負い目を感じている場合などは両者のパワーバランスに差がついてしまうこともあります。

そんな時、機械的に譲渡側と譲受側をマッチングして終わりでは、譲渡側の条件が十分に考慮されず、不満の残る結果となりかねません。

コンサルタントは、会計事務所の価値の評価などについては第三者として客観的な視点で行う必要がありますが、それ以外の点においてはなるべく譲渡側の立場に立ってくれたほうが何かと心強いものです。

譲渡側の条件や希望を丁寧にヒアリングし、譲受側に対してしっかりと交渉してくれるようなコンサルタントに仲介をお願いするのが良策と言えるでしょう。

◎会計事務所M&A支援協会ができること

私たち「会計事務所M&A支援協会」では、長年にわたって会計事務所のM&Aをサポートしてきました。

10年ぐらい前から、M&Aに関するご相談が増え始めました。それまではM&Aへの誤解から、案件としては非常に少なく、ほとんど表面化していませんでした。

我々の主な業務は会計事務所の経営支援であり、成長戦略をとる会計事務所へのマーケティングサポートなどが中心で、事務所を引き受けたいという所長先生はいても譲渡しようという所長先生が少なかったこともあります。

しかし、この数年で税理士業界も大きく変貌を遂げました。税理士法の改正などにより、これまでの常識が通用しなくなったのです。

業界内の競争が激化し、すでに生き残りをかけた戦いがはじまっています。

それと同時に、税理士の高齢化、中小企業の減少、ホームページ活用やクラウドなどIT化の加速、税制の複雑化など、さまざまな要因によって税理士業界も目覚ましく変化しています。

そんな時代にクローズアップされ始めたのが、事業承継の一つとしてのM&Aだったのです。

先々に漠然とした不安を抱えている所長先生の悩みを解決し、事業を引き継ぐM&A。引き受ける側も新たな拠点として、また業務の幅を広げる策として、M&Aを経営戦略の一環として活用できれば、まさにWIN-WINの関係を築くことができます。そのことに気づいた私たちは、「会計事務所M&A支援協会」を立ち上げ、会計事務所のM&Aのサポートを始めたのです。

もともと、会計事務所の経営支援を行ってきた私たちだからこそ、できることがたくさんあります。

まず、全国の会計事務所を網羅したネットワークを、すでに有していることです。

前述したとおり、会計事務所のＭ＆Ａでは、情報量の差が成否を大きく分けます。私たちは、全国の会計事務所に関する情報をすでに持っており、またＭ＆Ａで譲受先になる会計事務所からの相談が毎日のように寄せられています。

譲受先として名乗りをあげた事務所の情報は、すでに希望の条件などをヒアリングして数百件が登録されているので、譲渡を希望する先生からご相談があれば、いつでもご要望に沿った譲受先をご紹介できるだけの候補を蓄積しています。

「会計事務所Ｍ＆Ａ支援協会」という名前のとおり、会計事務所のＭ＆Ａに特化しているのも強みの一つです。

もちろん、今の事務所の状況をうかがい、どんな事務所をマッチングさせればスムーズにＭ＆Ａが進むかといった相手方の選択も、これまでの経験を活かして幅広い選択肢を用意し、希望に沿った相手をご提案します。

それだけではありません。これまでに数十件のM&Aの仲介を行い、実務や成功事例についても情報を蓄積しています。

M&Aにおける成功のポイントを熟知しているため､引き継ぎについても､アフターフォローとしてサポートしています。どんなご相談にも今までの経験を基にアドバイスできる強みがあります。

そして最大の特徴は、私たちが譲渡側の所長先生のアドバイザーとしてM&Aにかかわるという点です。

私たちは、譲渡側の所長先生の立場に立ち、なるべく譲渡側に有利な条件でM&Aができるように努力します。当然、事務所の価値査定や実態調査も行いますが、何よりも相談者である譲渡側の先生の希望を叶えることが支援の根底に流れています。

そのためのスキームの提案や譲渡側の選別のサポートも行い､所長先生へのアドバイザーとして譲渡価格などの条件交渉を行います。

会計事務所のM&Aは、所長先生、職員、そして顧問先の三者が幸せになれるものでな

ければなりません。そして譲渡側、譲受先双方が満足できるものでなければならないと考えます。

何より、将来性のある譲受先を選んでおかないと、本来の意味での事業承継にはなりません。

今はまだ、M&Aを迷っている所長先生も多いと思います。ただ、変化のスピードはどんどん加速しています。

3年後、おそらく譲受側の交渉材料が増え、譲渡側の条件は今よりも厳しいものになっているでしょう。

M&Aにはタイミングが何よりも重要です。実際に譲渡するかどうかはともかく、**事業承継の方法の一つとして早いうちからM&Aを考え、準備を進めておくことが結果的に事業承継の幅を広げる**ことになります。

会計事務所M&A支援協会では、M&Aに限らず事業承継の相談を幅広く受けています。現実の事業承継は一つひとつ、すべてが異なります。

ですから、事業承継に最適と思うスキームを提案します。M&Aが最適であることもあれば、それ以外の方法を提案することもあるでしょう。

いずれにしても、早いうちから準備することが事業承継を成功に導きます。タイミングを逃さないように、早めのご相談をお待ちしています。

第6章

知っておきたい会計事務所M&Aのツボ

会計事務所M&Aに関するよくある質問

不安と疑問点は早めに解決すること

ここでは、これまで会計事務所M&A支援協会に寄せられた、M&Aや事業承継に関する不安、疑問点とその回答をQ&A形式でご紹介します。

会計事務所M&A全般について

Q. なぜ、M&Aの検討は早いほうがよいのですか?

A.

理由は、事務所に合った最適な譲受先を逃さないためです。

最適な譲受先というのは、将来に向かって成長を続けられる事務所であり、職員や顧問先を大事にしてくれて、なおかつ所長先生にとって良い条件で譲り受けてくれる事務所です。

そのような相手先を見つけるためには、候補事務所の選択肢が多いことが望まれます。それだけ譲受側にとって魅力のある事務所である必要があるということです。


そのためには、譲受側にとって判断する大きな指標となる、事務所の売上が安定しているかどうかがポイントとなります。売上が安定しているようであれば、譲受先の選択肢も選べる状況にありますが、たとえば次のことが起こり始めたら、M&Aを検討してくれる譲受先の候補が少なくなり、また譲渡対価などの条件も厳しくなっていきます。

①事務所の業績が悪化し始めた
②所長先生の健康状態が悪くなり始めた
③譲渡希望事務所が急増し、買い手市場となる

こういったことが起きてからでは実際には手遅れです。M&Aの検討は早過ぎるに越したことはありません。「引退なんて先の話」と思っている時期から十分に検討しておくことが、M&Aを成功させるポイントといえます。

Q. M&Aは仲介を依頼した方がよいのはなぜですか?

A.

理由は「ベストパートナーと出会える」「トラブルを回避できる」という2つがあります。M&Aを仲介会社に頼むと、自力ではめぐり合えないような相手と出会える可能性があります。また致命傷となる情報漏洩を防ぎ、進め方についても適切なアドバイスが得られます。客観的な視点から、事前に問題点を把握し将来のトラブルを回避することができます。

条件交渉においては、直接には交渉しづらい金銭面の条件においても、仲介会社に任せることで、より譲渡側にとって有利に進めることが可能となります。

譲渡対価と条件

Q. M&Aによって、どのくらいの対価を得られるのでしょうか?

A. もっとも一般的に採用されている算出方法は、毎年安定して見込める報酬の1年分が一つの基準となります。相続や保険などのスポット業務に関する報酬は、譲渡対価の評価に含まない場合が多いです。

また、過去3年程度の売上の推移や、顧問先の内容(とくに顧問料の多い顧問先はいないか、遠方の顧問先はいないかなど)を考慮して評価します。

Q. なるべく条件よく承継するにはどうすればよいですか?

A.

M&Aの条件を決める場合、現在の事務所の売上状況が一つの指標になっています。そのため、事務所の状況がよいときほど条件もよくなります。

逆に、売上が減少傾向にあったり、職員の離職などにより事業規模が縮小している状況だと、条件が次第に厳しくなっていきます。最悪なケースでは、「引き継いでくれる事務所がいない」という事態にもなりかねません。

また、事業承継で顧問先や職員を承継するためには、事務所のことをもっとも理解している所長先生がご健在で、しっかりと引き継ぎの体制を取れることが重要です。

体調が悪く、引き継ぎに満足にかかわれない状況では、職員や顧問先、譲受先の事務所も不安が大きく、失敗につながる可能性があります。

Q. 引継期間中にもしものことがあった場合には、どうなりますか？

A.

2つのケースが考えられますが、一つ目は、引き継ぎの期間中に所長先生にご不幸があった場合です。当協会で進めている方法は、譲渡対価については相続人に対して支払われるように約定しています。もちろん、譲渡契約書にもしっかり明記し、後に言った言わないのトラブルになることを未然に防ぎます。

２つ目として、引き継ぎ期間中に、所長先生が体調不良などにより引き継ぎができない状況になってしまった場合については、それによって何らかの責任を負っていただくことはありません。ただ、契約前に引継不可能になる可能性がある場合は、引き継ぎ開始から1年後など、一定の期間を定めて譲渡対価の見直しを行うケースもあります。

いずれにしても、譲渡契約前にはしっかりと譲渡側、譲受側とで認識を合わせておき、契約書に明記することが大切です。

Q．何かあった場合には、古くからの知り合いに助けてもらうようにお願いしているのですが、何か注意することはありますか？

A．

「お願いしている」というあいまいな形では、実際には何も解決していません。

「金銭などの対価は発生するのか」「職員や顧問先はどういう条件で引き継ぐのか」など、

事前に決めておかなければいけないことはたくさんあります。

また、譲受先の事務所に営業力や経営力がなく、その後尻つぼみになってしまったら、みんなが不幸になってしまいます。

「知り合いにあとを任せる」と安易に手を打つのではなく、もっと視野を広げて、譲渡したあとに事務所を成長させてくれる相手をしっかり選んでいきましょう。

Q．税理士を目指している科目合格者や独立を目指している若い税理士を採用して、自分でしっかり育てたうえで引き継ぎたいのですが？

A．

基本的にはお勧めはできません。

ゼロから育てるには、いくら付ききっきりで教育し、ノウハウを教えたとしても、それに応えられる相手かどうかを判断するためには最低でも2、3年はかかります。

それに2、3年の経験では、長年一緒にやってきてくれた職員や、顧問先の経営者は安心できないので、結局、所長先生に頼ってきてしまって引退できないといったことも予想されます。

また、採用した職員が最終的に引き継げる資質がなければ、結果的に時間を無駄にしてしまう可能性があります。

最悪なケースでは、一人前に育ってくれたところで、顧問先を持って独立されてしまうこともないとは言い切れませんので、リスクは大きいと考えられます。

M&A後の所長、職員について

Q．引き継ぎのために事務所に残る期間は、業務を続けなくてはなりませんか？

A．

必ずしも業務を続けていただく必要はありません。基本的には所長先生のご希望を踏まえて進めていきますので、業務から離れたい場合、また業務を続けていく場合や、少しずつ減らしていく場合など、ご希望に沿った進め方を取っていきます。

ただし、すぐに引退したい場合であっても、顧問先や職員のために1年間は事務所に残っていただいて、引き継ぎの協力をお願いするケースがほとんどです。

もちろん事務所へ出勤してもらうことや業務を続けていただくことが主ではないので、譲受先への引き継ぎが完了すれば無理に残っていただくこともありません。

よくあるケースでは、譲受先から所長先生の残留を希望されることが多いため、顧問や会長といった形で、非常勤として籍だけ置いていただくこともあります。

Q．5年後には引退しようかと考えているのですが、どのような準備をすればよいですか？

A．まずは今ある事務所の状況を確認し、どのような譲受先の選択肢があるかを知っておくことが重要です。
そして、事務所の状況によって、売上が上がっていれば選択肢も増えていきますが、もし売上が下がることが予測されるようであれば、譲受先の選択肢や条件も悪くなることが考えられます。

そのような悪化が考えられる場合は、今ある譲受先や条件を押さえておくためにも、譲渡契約を先に結んでおくことをお勧めします。

ただし、引き渡し時期は5年後とすることで、その期間は引き続き、今までと同じ業務を続けていただきます。また、その期間中に、譲受先の所長先生を顧問先に紹介したり、業務のやり方を引き継いでいけるため、スムーズな引き継ぎが可能となります。

Q. 事務所を譲渡すると、引退しなければなりませんか?

A.

譲渡したからといって引退しなければならないわけではありません。

それを受け入れてくれる譲受先があるということが前提になりますが、以前と同じ仕事量とはいかないまでも、とくに付き合いの長い顧問先だけ何件か担当したり、相続などご自身の得意な業務だけをスポットで担当したり、所長先生のペースに合わせて業務を継続することも可能です。

Q．できれば、いますぐにでも引退したいのですが可能でしょうか？

A．

結論としては可能です。

ただし、引き継ぎの期間をなくして譲渡する場合は、職員や顧問先が離反してしまうリスクが大きいため、譲渡対価等の条件に影響が出る可能性があります。

できるだけ職員や顧問先がスムーズに引き継げるように、1年程度は譲受先との慣らし運転の期間を設けた方が良いです。

Q．M&Aのことを事前に職員にも話した方が良いですか？

A．

譲受先や譲渡の時期、または職員がどういった待遇になるかなど、漠然とした状態で発表してしまうと、かえって職員の不安をあおってしまいます。

また、どんなに良い感じで進めていた譲受先についても、経営戦略の見直しなど、何らかの事情で契約直前になって破断になってしまうこともあります。そうなると職員の不安がさらに増す結果になりかねません。

職員から反射的に反対を受けた場合に、せっかく決めた決断を見直さなければならないこともありえます。

詳細な条件を整えて、譲受先との契約も結び、すべてが整った状態で発表することが職員のためにもなります。

また、発表してから時間を空けずに、譲受先の所長先生と職員との面談の機会を得て、譲受先の所長先生からも安心してもらえる言葉をかけてもらうことが最善です。

Q．私だけではなく、職員も長年のベテランのため高齢ですがM&Aはできますか？

A．

当然、職員本人の意向も確認しますが、基本的には、年齢や性別、または在籍期間に関わらず、引き渡し時点で在籍されている職員については、本人が雇用を希望すれば全員、譲受先に再雇用してもらうように進めていきます。

顧問先について

Q. 2、3件ですが、古くからの顧問先だけは自分で面倒みたいのですが？

A.

業務の内容にもよりますが、基本的にM&Aを行うと、譲受先との競業避止の問題で、新たに個人事務所を開いて税務業務を行うことはできません。

もし、数件でも業務を引き続き続けていきたいとの希望があれば、譲受先の補助税理士や顧問として顧問先との関係を継続していく方法を取ることが多いです。

その方が、細かい作業については譲受先のスタッフに協力してもらうこともできて、所長先生ご自身の仕事もスムーズになります。

Q. 顧問先とサービス内容はどうなるの？

A.

職員と同様に、顧問先にも不安や動揺、または変化を与えるきっかけを与えてはいけません。一定期間は監査方法や会計ソフトなどのサービス内容や契約内容は今までと変えず、そのまま引き継いでもらうほうがよいでしょう。

引き継ぎについては、所長先生と譲受先の所長先生とで一緒に訪問し、「経営統合による事業の拡大により、今後は、より一層サービスを向上していきます」という形で安心を与えることが大事です。

M&Aを行うことについての説明の仕方を間違えると、顧問先が離れてしまう危険性があります。慎重に言葉を選んで説明しましょう。

とくに長年のお付き合いのある顧問先については、所長先生が引退してしまうと、一緒に離れてしまう可能性が高いので、十分にフォローする必要があります。

M&Aに対する不安

Q. 小さな事務所でも譲受先はあるの？

A. 事業所や規模の大小関係なく候補はあります。

売上規模や地域の問題など、M&Aに対して不安を持たれる先生もいらっしゃいますが、まったく問題ありません。ただし、事務所規模によっては注意するポイントや譲受先の選び方が変わるので、専門のコンサルタントに相談することをお勧めします。

Q. どういうタイミングに相談すればいいの？

A. 理想は事務所の売上が安定している時です。

事務所が安定しているほど、最適な状態での引き渡しが可能になり、譲受先の選択肢もより多くなります。また、条件面でも満足のいく条件で交渉することが可能になります。もし事務所の売上が下がり始めたり、健康状態に不安を感じ、業務の継続に懸念が出てきた時は、早めにご相談してください。

Q. 職員を引き受けてもらいたいのだけれど

A.

会計事務所の場合、所長先生と同じくらい、職員と顧問先との人間関係ができているケースが多いため、M&Aにおいても職員の存在は欠かせません。

基本的には、職員本人の希望さえあれば、今の待遇と同じ以上で譲受先の事務所に再雇用してもらいます。

譲受先との面談時に、職員をしっかり守ってくれる事務所かどうか、事務所の方針などをヒアリングしながら見極めましょう。

Q．事務所は今の場所に残したほうがいい？

A．事務所の場所をどうするかは、事業規模や譲渡方法によって変わりますが、職員の通勤などを考慮すると、基本的に一定期間は今の事務所の場所はそのまま変えないで利用するほうがいいでしょう。

利便性が悪く、営業活動などに向かない場合には、一定期間が経過したら、利便性の向上が見込めて営業拠点として適している場所に移転するケースもあります。

この辺は、移転によって職員や顧問先に何らかの支障が生じないかを確認して、譲受先と協議のうえで決めていきます。

買いたい、譲受希望の方

Q．譲渡契約を交わすまで、どのくらいかかりますか？

A.

どうしてもスピードを優先したいケースで、最短で3カ月で譲渡契約まで進めたことはありますが、条件についてはじっくり交渉することができないため、急いで進めることはあまりお勧めできません。

資料収集～事務所の評価、条件の事前確認～譲受先の選定～所長面談など、譲受先の候補を絞っていく工程だけでも3カ月程度は見ておきたいです。

そして、そこから条件交渉し、事務所の実態調査を踏まえて最終条件を調整していくので、余裕を持って6カ月程度は必要になります。

もちろん、どうしても急ぎたい場合はスピードを優先しますが、足元を見られずに交渉を進めていくためには、少しでも余裕を持って進めていくことが望ましいです。

●共同著者

坂田 篤史（さかた あつし）

執行役員
会計事務所M&A支援協会　統括本部長
2005年アックスコンサルティングに入社。
「会計事務所M&A支援協会」を立ち上げる。これまで数多くの会計事務所のM&A案件に携わり、譲渡側の事業承継問題、譲受側のビジネス拡大をサポートしている。2015年、一般企業のM&A支援を全国の会計事務所とともに推進する全国ネットワークを立ち上げる。

前田 浩輝（まえだ ひろき）

会計事務所M&A支援協会
主任コンサルタント
2008年アックスコンサルティングに入社。
「会計事務所M&A支援協会」の発足当時より実務担当者として、全国各地の会計事務所における事業承継問題を解決している。多くの経験より得たノウハウを活かし、相談者のことを最優先に考えた最適なM&Aスキームを提案、実行している。

●会計事務所M&A支援協会

業界で唯一の会計事務所専門M&Aコンサルタント組織です。専任コンサルタントが会計事務所の後継者問題や事業拡大、所長先生のハッピーリタイア等のお悩みをM&Aを通じて解決いたします。弊社アックスコンサルティングが、25年間会計事務所業界に特化し培った経験と実績にもとづいて、最適な事業承継をご提案いたします。

http://www.kaikeima.com

お問い合わせはこちら

TEL.03-5420-2711　受付時間／平日9:00～17:30

会計事務所M&A支援協会（担当:前田、坂田）

Webサイトでも登録・問い合わせ受付中 ＞ 会計事務所M&A 検索

●著者紹介

広瀬元義（ひろせ もとよし）

1988年、株式会社アックスコンサルティングを設立。日本最大級のコンサルタント集団「アックス財産コンサルタンツ協会」を設立。地主・資産家の方々の資産に関わる問題解決を会員事務所とともに実施。1999年、「会計事務所M&A研究会」を発足し本格的なM&A支援事業をスタート。2009年、同研究会を「会計事務所M&A 支援協会」に名称変更。業界で唯一の会計事務所専門コンサルタント組織としてM&A支援を全国にて展開。また資産税ビジネスの全国ネットワーク「アックス資産税パートナーズ」、会計事務所の全国フランチャイズチェーン「Q-TAX」の発足や、会計事務所業界向けタブロイド誌『税理士業界ニュース』の発行等、会計事務所業界に常に新たな提案を続けている。

事例でわかる 会計事務所M&Aの準備と進め方

発　　行 ◎ 2015年4月25日　初版第1刷
著　　者 ◎ 広瀬元義
発 行 者 ◎ 須藤幸太郎
発 行 所 ◎ 三交社
◎ 〒110-0016
東京都台東区台東4-20-9　大仙柴田ビル2階
◎ TEL 03-5826-4424
◎ FAX 03-5826-4425
◎ URL:http//www.sanko-sha.com
編　　集 ◎ Business Train（株式会社ノート）
本文組版 ◎ 椛澤重実（D-Rise）
印刷・製本 ◎ シナノ書籍印刷株式会社

Printed in Japan

ISBN978-4-87919-824-2